Alle Klassenstufen

Peter Botschen

Die Fünf-Schritt-Lesemethode

Differenziert für 6-Schritt-Lesemethode

Mit Poster fürs Klassenzimmer

DIE effektivste Methode, nachhaltig Lesen zu lernen

Ab 8 Jahren einsetzbar

Die Fünf-Schritt-Lesemethode

Die effektivste Methode, nachhaltig Lesen zu lernen!

3. Auflage 2025

Inhalt: Peter Botschen
Umschlagbilder: © WavebreakmediaMicro & Karoon Cha - AdobeStock.com
Redaktion: Viktoria Weimann
Grafik & Satz: Kohl-Verlag
Druck: Elanders Druck, Waiblingen

Bestell-Nr. 12 570

ISBN: 978-3-96624-197-7

Bildquellen © AdobeStock.com
S. 9: gmagakis; S. 10: jennys_world_of_arts, jokatoons; S. 11: diez-artwork, Azar; S. 12: cartoonresource; S. 15-22: strichfiguren.de; S. 23: gmagakis; S. 24: jennys_world_of_arts, jokatoons; S. 25: diez-artwork, Azar; S. 26: cartoonresource; S. 29-33: Trueffelpix; S. 35: Trueffelpix; S. 36: phive2015, Jane, Stuart Miles, diez-artwork, Azar; S. 37: phive2015, cartoonresource, Stuart Miles, diez-artwork, Azar; S. 46: Trueffelpix; S. 47: Raul Bernabeu; S. 49: Trueffelpix; S. 51: Vanessa, Trueffelpix; S. 55+56: fotomek; S: 59+60: ullrich

Bildquellen © Clipart.com
S. 9, 10, 11, 12, 23, 24, 25, 26,

Bildquellen © Autor
S. 8: Peter Botschen

Kontakt: Kohl-Verlag, An der Brennerei 37-45, 50170 Kerpen
Tel: +49 2275 331610, Mail: info@kohlverlag.de

Inhaltsverzeichnis

Vorwort und didaktische Erläuterungen

Liebe Kolleginnen, liege Kollegen,

immer wieder fällt auf, dass unsere Schülerinnen und Schüler zwar lesen können, jedoch oftmals einen Text nicht inhaltlich erfassen können. Es ist zur Mode geworden, dass der Text „konsumiert" wird und nicht der Inhalt reflektiert. Dadurch sind oftmals Aufgaben, die das Leseverstehen testen sollen, nicht lösbar oder werden falsch gelöst. Hierbei fällt auf, dass Aufgaben auf einer niedrigen Niveaustufe noch größtenteils korrekt gelöst werden können, aber sobald es an die Genauigkeit der Inhalts geht und die Niveaustufe steigt, so inkorrekter werden die Antworten. Dies ist gerade in der Primarstufe und in der Sekundarstufe I erkennbar. Hieraus resultiert leider, dass Texte der Sekundarstufe II inhaltlich oft gar nicht mehr verstanden werden und es am reinen Textverständnis liegt, dort nicht mehr mitkommen zu können.

Mit dieser Kopiervorlagensammlung wollen wir entgegenwirken und haben die bekannte 5-Schritt-Lesemethode als Grundlage genommen. Mit dieser Methode erhalten Schülerinnen und Schüler ein Werkzeug an die Hand, mit der sie selbstständig und systematisch Texte in mehreren Schritten erschließen können.

Didaktische Erläuterungen

Dieses Heft enthält:

- **Tipps** zum gezielten Trainieren einzelner Leseschritte. Im Fokus stehen Fragen wie „Wie schlage ich unbekannte Wörter nach?" oder „Wie unterscheide ich zwischen wichtigen und unwichtigen Stellen bzw. wie finde ich Schlüsselwörter?" Eine kleine Übung zum Finden von Schlüsselwörtern ist beigefügt.
- **Kopiervorlagen zum Basteln eines Lesefächers**. Dieser Lesefächer wird neben den Text gelegt und hilft somit dabei, die einzelnen Schritte nacheinander abzuarbeiten. Er eignet sich insbesondere für die Schülerinnen und Schüler der Primarstufe sowie die Unterstufe der Sekundarstufe I. Die Kopiervorlage ist in Form von Ausschneidekarten gestaltet, sodass ein „Lesefächer" aus Pappe gebastelt werden kann. Eine Anleitung ist beigefügt. Für die älteren Schülerinnen und Schüler ab Klasse 7 enthält das Heft ein „**Anleitungsblatt**", auf dem die 5 bzw. 6 Schritte übersichtlich zusammenfasst sind.
- **Kopiervorlagen „Notizblatt"**: Sie orientieren sich inhaltlich an den Schritten der 5- bzw. 6- Lesemethode und dienen dazu, sich während des Lesens Notizen zum Text machen zu können.
- **Übungstexte**: Mit Hilfe von Sachtexten aus den unterschiedlichsten Bereichen kann die 5-Schritt-Lesemethode systematisch geübt und gefestigt werden.

Die Kopiervorlagen der 5-Schritt-Lesemethode für die Grundschule und die Sekundarstufe I sind inhaltlich identisch. Sie unterscheiden sich lediglich in ihrer Schriftart und -größe. Im hinteren Teil befinden sich nochmals Kopiervorlagen der 5-Schritt-Lesemethode für die Sekundarstufe II.

Vorwort und didaktische Erläuterungen

Zusätzlich gibt es für lernschwächere Schülerinnen und Schüler die Möglichkeit, einen weiteren Zwischenschritt in ihrem Leseprozess einzubauen, d. h. aus der „5-Schritt-Lesemethode" wird die „6-Schritt-Lesemethode". Der Unterschied besteht darin, dass zwischen Schritt 1 („Überfliege den Text") und Schritt 2 („Fragen stellen") ein weiterer Schritt („Schwierige Wörter klären") erfolgt. Hier gibt es sowohl eine zusätzliche Karte für den Lesefächer als auch ein eigenes Notizblatt. Die Aufgabenstellungen sind deshalb in der Anwendung der Methode offen gehalten.

Geschichtlicher Hintergrund der 5-Schritt-Lesemethode

Die 5-Schritt-Lesemethode findet man in der Fachliteratur unter „SQ3R-Methode" (**S**urvey, **Q**uestion, **R**ead, **R**ecite und **R**eview) und wurde von Francis P. Robinson erstmals 1946 in seinem Buch „Effective Studies" als eine entwickelte Lesemethode vorgestellt. Anhand dieser Methode soll man aktiver, verstehender und effektiver lesen können. Gedacht war diese Methode, um sie in der Hochschulbildung anwenden zu können. 1972 hat man diese Methode noch um einen zusätzlichen Schritt erweitert, sodass man zur „PSQ3R-Methode" (**P**review, **Q**uestion, **R**ead, **R**eflect, **R**ecite und **R**eview) kam, die sich gerade bei besonders lernschwächeren Schülerinnen und Schülern anbietet.

Auf Grafiken und Bilder, die zu den Texten passen, haben wir bewusst verzichtet, sodass vorher nicht auf den Inhalt geschlossen werden kann.

Nun wünschen wir Ihnen und Ihren Schülerinnen und Schülern viel Erfolg bei der Umsetzung der langjährig erprobten Lesemethoden.

Ihre Deutsch-Redaktion des Kohl-Verlags und

Peter Botschen

Abkürzungen:

PS	= PRIMARSTUFE (in der bekannten Fibel-Schrift verfasst)
Sek. I	= SEKUNDARSTUFE I
Sek. II	= SEKUNDARSTUFE II

So begreife ich Texte – Tipps

Oftmals sind Wörter innerhalb eines Textes schwer zu verstehen oder du kennst sie gar nicht. Darum gibt es verschiedene Möglichkeiten, wie man herausbekommt, was diese Wörter bedeuten.

TIPP 1: Schaue im Wörterbuch nach

Das bekannteste Wörterbuch ist der Duden. Den Duden gibt es in gedruckter Form als Buch, oder aber online unter www.duden.de. Die Art der Darstellung ist aber ähnlich. Hier einmal ein Beispiel mit dem Wort „Behörde“. So ist es im Internet dargestellt:

> **Behörde**
>
> Substantiv, feminin – a. staatliche, kommunale oder kirchliche Dienststelle …
> b. Sitz der Behörde; Amtssitz; Amtsgebäude

hier wird angegeben, dass es ein Nomen ist.

hier wird das Geschlecht angegeben, also ist der Artikel: ***die***

danach folgt die Erklärung, was das Wort bedeutet.

TIPP 2: Finde Schlüsselwörter, um den Text zu verstehen

Was sind denn eigentlich Schlüsselwörter? Schlüsselwörter sind Wörter, die für das Verstehen des Textes sehr wichtig sind. Meistens sind das aber auch die Wörter, die man nicht kennt. Also müssen Schlüsselwörter häufig im Wörterbuch nachgeschaut werden. Die sogenannten Schlüsselwörter wiederholen sich öfters im Text; die tauchen also immer wieder auf, sodass sich das Nachschauen lohnt. Solltest du kein Wörterbuch zur Hand haben, versuche, das Schlüsselwort auf Grund des Textzusammenhangs zu erraten. Schlüsselwörter zu finden, ist oft nicht einfach, darum wollen wir dies anhand einer kleinen Übung einmal ausprobieren.

KOHL VERLAG
Die Fünf-Schritt-Lesemethode
Die effektivste Methode, nachhaltig Lesen zu lernen! – Bestell-Nr. 12 570

Ein Versuch

Aufgabe 1: *Versuche im nachfolgenden Zeitungsartikel die Schlüsselwörter farbig zu markieren.*

Streit um die Kanzlerkandidatur

Es entfacht momentan ein eklatanter Streit zwischen den Bewerbern um das Amt des Bundeskanzlers. Herr Tilo Meier möchte gerne das Amt bekleiden, da er sich als politisch besten Kandidaten sieht, da er unter anderem die Sommerferien auf zwei ganz Monate verlängern will. Robert Gener hingegen ist der andere Kandidat um das Bundeskanzleramt und er setzt auf mehr sportliche Aktivitäten innerhalb der Schulzeit. Er möchte, dass das Unterrichtsfach „Sport" zum Hauptfach erklärt wird und somit vier Stunden in der Woche unterrichtet wird. Noch ist fraglich, ob das die wirklich wichtigen bildungspolitischen Ziele sein können.

TIPP 3: Heft anlegen für Fremdwörter

Es gibt viele Wörter, deren Bedeutung du nicht kennst, die aber im Laufe deiner Schulzeit immer wieder auftauchen. Ganz oft lassen sich diese Wörter mit anderen Wörtern, die du kennst, ganz leicht erklären oder „übersetzen". Wenn Wörter unterschiedlich sind, aber das gleiche meinen, so nennt man dies Synonyme. Oh, schon das erste Fremdwort. Lege dir ein Heftchen an, das du wie eine Art Vokabelheft führst. Schreibe in die linke Spalte das Fremdwort und in die rechte Seite die Erklärung, oder das Synonym.

Beispiel:

Fremdwort	Erklärung
Synonym	Wörter, die das Gleiche bedeuten und dadurch auszutauschen sind.

Die Fünf-Schritt-Lesemethode
Die effektivste Methode, nachhaltig Lesen zu lernen! – Bestell-Nr. 12 570

Bastelanleitung „Lesefächer“

Dazu wird benötigt:

- Pappe oder Tonpapier
- je Schüler*in eine Musterbeutelklammer
- Kopien der einzelnen Methodenschritte
- Kleber
- eventuell ein Deko-Band

Anleitung:

- Klebe die Teile für den Lesefächer auf der Pappe fest.
- Schneide die einzelnen Teile jetzt aus.
- Bohre mit einer Schere ein Loch an der markierten Stelle. Wiederhole dies mit jeder Karte.
- Lege die einzelnen Teile in der richtigen Reihenfolge übereinander und stecke eine Musterbeutelklammer hindurch. Spreize die Klammer hinten auseinander.
- Der Fächer sollte leichtgängig aufzuklappen sein. Schreibe deinen Namen auf das Titelblatt.

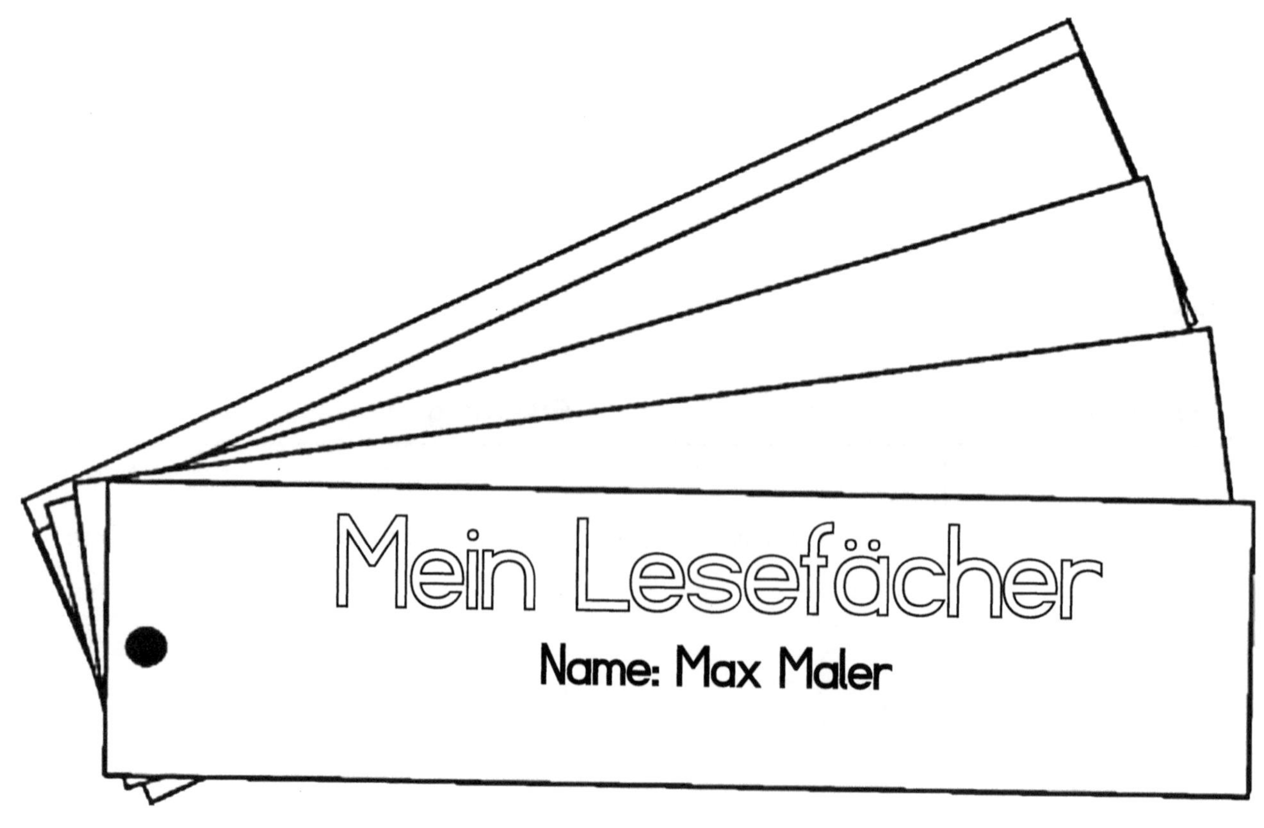

Kopiervorlagen für den Lesefächer (PS)

Kopiervorlagen für den Lesefächer (PS)

Fragen stellen

- Nun sollst du Fragen an den Text stellen.
  Es eignen sich die W-Fragen.
- Wer? Was? Wann? Wo? Warum?
- Jetzt weißt du, worum es geht.
- Wenn es eine Aufgabenstellung gibt, lies diese genau.

Gründlich lesen

- Lies nun den Text nochmals und ganz gründlich.
- Markiere wichtige Stellen. Du kannst hierzu verschiedene Farben verwenden oder einen Textmarker.
- Schreibe Schlüsselwörter auf einem Notizblatt auf.
- Wenn ein Abschnitt schwierig ist, so bearbeite ihn nochmals.

Zusammenfassen

- ⇨ Setze dir Abschnitte und fasse den Jnhalt kurz auf einem Notizblatt zusammen.
- ⇨ Benutze für deine Zusammenfassung eigene Wörter. Schreibe nichts aus dem Text ab.
- ⇨ Fällt dir die Zusammenfassung schwer, gehe nochmals einen oder zwei Leseschritte zurück.

Wiederholen

- ☑ Nun fasse den gesamten Text kurz mit eigenen Worten zusammen und wiederhole so die einzelnen Textabschnitte.
- ☑ Wenn du magst, kannst du auch ein Schaubild erstellen.

Zusatzkarte „6-Schritt-Lesemethode“

Schwierige Wörter klären

- Unterstreiche Wörter, die du nicht verstehst.
- Schaue im Wörterbuch nach, was die einzelnen Wörter bedeuten.
- Du kannst auch im Jnternet nachschauen.

Die Fünf-Schritt-Lesemethode

Notizblatt – 5-Schritt-Lesemethode (PS)

Welche Jnfo kannst du der Überschrift entnehmen?

____

Wer? ____________________

Was? ____________________

Wann? ____________________

Wo? ____________________

Warum? ____________________

Deine Schlüsselwörter: ____________________

____

Die Zusammenfassung deiner Abschnitte:

____

____

____

____

____

____

____

____

____

Notizblatt – 6-Schritt-Lesemethode (PS)

Welche Info kannst du der Überschrift entnehmen?

____

Welche Wörter kennst du nicht?

____

____

Wer? ____________________________

Was? ____________________________

Wann? ____________________________

Wo? ____________________________

Warum? ____________________________

Deine Schlüsselwörter: ____________________________

____

Die Zusammenfassung deiner Abschnitte:

____

____

____

____

____

____

____

____

____

Übung 1: Klasse 3

Aufgabe 1: Lies die nachfolgenden Texte mit Hilfe deines Lesefächers. Nutze das Notizblatt.

Wie entstehen eigentlich Wolken?

Wenn die Sonne scheint, verdunstet das Wasser aus Seen, Flüssen und Meeren. Dabei wird das Wasser zu Wasserdampf. Die leichte warme Luft steigt nach oben und nimmt den Wasserdampf mit. Oben in der kühleren Luft wird der Wasserdampf zu Wassertropfen. Noch weiter oben am Himmel wird er sogar zu Eiskristallen. Die vielen Wassertropfen bilden Wolken. Wenn die Wassertropfen in den Wolken zu groß und zu schwer werden, fallen sie Richtung Boden. Es beginnt zu regnen.

entnommen aus: „Erforsche... das Wetter", (Best.-Nr. 10 957) erschienen im Kohl-Verlag

Wie entsteht eigentlich Wind?

Wind entsteht, wenn die Lufttemperatur an bestimmten Orten unterschiedlich ist. Das Land erwärmt sich durch die Sonne schneller als die See oder das Meer. Die warme Luft vom Land steigt nach oben. Kühle Luft vom Wasser strömt aufs Land nach. Das ist der Wind.

entnommen aus: „Erforsche... das Wetter", (Best.-Nr. 10 957) erschienen im Kohl-Verlag

KOHL VERLAG Die Fünf-Schritt-Lesemethode
Die effektivste Methode, nachhaltig Lesen zu lernen! – Bestell-Nr. 12 570

Übung 1: Klasse 3

Der Seehund

Der Seehund, der auch an deutschen Küsten zu finden ist, wird bis zu 3 Metern lang. Er ist ein Raubtier. Sein kurzes, eng anliegendes Fell bildet beim Schwimmen keinen Widerstand. Die Ohren besitzen keine Ohrmuscheln. Sie sind wie die Nasenlöcher beim Tauchen verschließbar. Arme und Beine sind stark verkürzt und zu Paddeln und Flossen umgebildet, Finger und Zehen durch Schwimmhäute verbunden. An Land sind solche Gliedmaßen schlecht zu gebrauchen. Durch Krümmungen seiner biegsamen Wirbelsäule schlängelt sich der Seehund mühsam ins Wasser. Dort ist er schnell und wendig wie die Fische, die er fängt. Statt eines dichten Fells hat der Seehund eine dicke Fettschicht unter der Haut, die zur Erhaltung seiner Körperwärme dient. Nur das Seehund-Baby hat vorübergehend einen Pelz. Wenn es jedoch ungefähr einen Monat die fette Milch der Mutter getrunken hat, ist die Wärmeschicht auch bei ihm als Schutz ausreichend. Die Robbenmilch kann bis zu 45 % Fett enthalten. Unsere normale Milch enthält ca. 3,5 % Fett.

entnommen aus: „Lernwerkstatt Wale, Delfine, Robben und Co", (Best.-Nr. 10 918) erschienen im Kohl-Verlag

Übung 2: Klasse 3

<u>Aufgabe 1</u>: Lies den nachfolgenden Text mit Hilfe deines Lesefächers. Nutze das Notizblatt.

Der Seelöwe

Die Kalifornischen Seelöwen sind uns vom Zoo oder Zirkus bekannt. Es gibt aber auch einen Australischen und einen Neuseeländischen Seelöwen. Eine weitere Art lebt auf den Galapagosinseln. Die kalifornischen Seelöwen leben an der Westküste Nordamerikas. Diese Tiere sind schlank, der Kopf ist spitz und die Bullen tragen keine Mähne. Es sind geschickte Tiere, die uns mit ihren Kunststücken erstaunen. Seelöwen lieben Sandstrände und bleiben in Küstennähe. Sie tauchen ungefähr 40 Meter tief und fressen Fische und Tintenfische. Oft jagen sie gemeinsam und kreisen Fischschwärme ein. Zur Geburt suchen die Weibchen die Küsten auf. Die Bullen erwarten sie schon dort und es beginnt ein Kampf um die besten Plätze. Die Weibchen, die sich in der Nähe des stärksten Bullen befinden, bilden seinen Harem. Jm Durchschnitt schart ein Bulle um die 15 bis 20 Weibchen um sich. Schwächere Männchen werden an den Rand der Kolonie gedrängt. Jn diesen Kolonien leben die Tiere sehr dicht zusammen, oft muss ein Quadratmeter pro Seelöwe ausreichen. Der Kalifornische Seelöwe wird ca. 2 Meter lang und kann bis zu 280 kg wiegen. Die Weibchen sind etwas kleiner und leichter.

entnommen aus: „Lernwerkstatt Wale, Delfine, Robben und Co", (Best.-Nr. 10 918) erschienen im Kohl-Verlag

Übung 3: Klasse 3

Aufgabe 1: Lies den nachfolgenden Text mit Hilfe deines Lesefächers. Nutze das Notizblatt.

Delfine

Zur Familie der Delfine gehören ca. 70 Arten. Sie leben in allen Meeren und sind als einzige Walart auch in Flüssen und Seen anzutreffen. Delfine haben einen stromlinienförmigen Körper und eine ganz glatte Haut. Daher sind sie hervorragende Schwimmer. Sie benutzen ihre Brustflossen zum Steuern und kommen mit kräftigen Schwanzschlägen vorwärts. Je nach Art werden sie zwischen 1,5 und 4 Metern lang. Der Schwertwal, die größte Delfinart, erreicht sogar eine Länge von 8-9 Metern. Delfine sind grau gefärbt, meistens ist die Unterseite heller. Sehen und Riechen ist unter Wasser nicht so wichtig. Das Blasloch (die Nase) befindet sich auf dem Kopf und öffnet sich nur beim Atmen. Beim Ausatmen stößt der Delfin die Luft kräftig aus. So entsteht die Fontäne, der „Blas". Der Geschmackssinn ist wichtig. Damit kann der Salzgehalt des Wassers bestimmt werden und somit wissen die Tiere, an welchem Ort sie sich aufhalten. Das Gehirn der Delfine ist relativ groß. Es ähnelt dem des Menschen. Delfine gehören zu den intelligentesten Tieren. Delfine besitzen ein praktisches Schallortungssystem, genannt Sonarsystem. Es befindet sich auf ihrem Kopf in einer runden, höckerartigen Wulst und heißt Melone. Die Delfine senden verschiedene Töne aus, die z. B. von einem Fischschwarm oder Hindernis zurückgeworfen (reflektiert) werden. Die Tiere hören die Schallwellen und formen daraus im Gehirn ein Bild. Mit diesen Echolauten verständigen sie sich auch bis zu 200 Metern Entfernung untereinander.

entnommen aus: „Lernwerkstatt Wale, Delfine, Robben und Co", (Best.-Nr. 10 918) erschienen im Kohl-Verlag

Übung 1: Klasse 4

Aufgabe 1: Lies den nachfolgenden Text mit Hilfe deines Lesefächers. Nutze das Notizblatt.

Der große Schwertwal oder Orca

Dieser Meeressäuger hat seinen Namen von der mächtigen Rückenflosse, die fast 2 Meter lang ist. Orkas (auch Killerwal oder Mörderwal genannt) sind uns aus Delfinarien oder dem Fernsehen bekannt (z. B. Free Willy). Der Orka ist der größte Delfin. Die Männchen können 8 Meter lang werden und bis zu 9 Tonnen wiegen, die Weibchen bringen es auf 6 Meter und knapp 6 Tonnen. Orkas gibt es in allen Weltmeeren, am häufigsten jedoch in arktischen und antarktischen Gewässern. Den großen Schwertwal findet man in küstennahen Gewässern und Buchten, an der europäischen Atlantikküste und in den heringsreichen Gewässern um Island und Norwegen. Die Nahrung ist sehr abwechslungsreich und besteht aus Fischen, Kalmaren, Pinguinen, Robben, Seevögeln, anderen Delfinen und Walen. Diese Tiere geben sich nicht mit einer Beute zufrieden, sie fressen, bis sie (fast) platzen. Vielfraß wäre der richtige Name! Der Große Schwertwal kann bis zu 15 Minuten tauchen und schwimmt bis zu 55 km/h schnell. Kühe werden um die 50 Jahre alt, Bullen leben etwa 30 Jahre. Die Tiere leben in Schulen (so nennt man die Gruppen), die von einem älteren Weibchen angeführt werden. Die Jungtiere bleiben ein Leben lang bei ihrer Familie. Seit den 60er Jahren werden Orkas in Meereswasseraquarien gehalten. Sie sind gelehrig und können eine beeindruckende Dressur vorführen. Inwieweit das den Tieren Freude macht und diese Haltung artgerecht ist, bleibt dahingestellt.

entnommen aus: „Lernwerkstatt Wale, Delfine, Robben und Co", (Best.-Nr. 10 918) erschienen im Kohl-Verlag

Übung 1: Klasse 4

So ist ein Pirat

Seit die Menschen Schifffahrt betreiben, gibt es auch die Seeräuber. Sie sind auf allen Meeren unterwegs. Die Griechen nannten sie „Peirates", die Römer „Piratae". Wir nennen sie Piraten oder Seeräuber. Ein Pirat greift von seinem Schiff aus ein anderes Schiff an. Jst der richtige Moment zum Überfall gekommen, rauben und plündern sie das Schiff, die Ladung oder auch die Menschen des Schiffes. Es gab auch die Küstenpiraten. Sie machten vom „Strandrecht" Gebrauch. Das besagte, dass die Leute alle Sachen, die sie am Ufer fanden, behalten durften. Aber nur, wenn es keine Überlebenden von den Schiffen gab. So wurden manche Schiffe falsch geleitet. Leuchtfeuer an der Küste wurden an verkehrte Stellen gesetzt oder erst gar nicht angezündet.

entnommen aus: „Lernwerkstatt Piraten & Seeräuber", (Best.-Nr. 11 048) erschienen im Kohl-Verlag

Übung 2: Klasse 4

Aufgabe 1: Lies den nachfolgenden Text mit Hilfe deines Lesefächers. Nutze das Notizblatt.

Die Nahrung der Piraten

Oft waren die Piraten monatelang auf dem Meer unterwegs. Obst, Gemüse, Brot und Fleisch verdarben schnell. So aßen die Seeräuber fast jeden Tag Zwieback und getrocknetes Fleisch (Dörrfleisch). Es fehlte an Vitaminen. Dadurch wurden viele Piraten sehr krank. Sie litten an Skorbut. Einige starben daran.

Skorbut ist eine Krankheit, die bei starkem Mangel an Vitamin C auftritt. Die Zähne fallen aus und es entstehen Blutungen im Bauch und unter der Haut. Man wird schnell müde und bekommt weitere Krankheiten.

Etwa 1750 fand man heraus, dass Früchte mit viel Vitamin C helfen. So befahl der Kapitän, dass seine Leute täglich Zitronen, Apfelsinen oder Äpfel essen mussten.

Meist gab es auch Ratten an Bord. Sie fraßen den Seeräubern ihre Vorräte weg und verbreiteten eine gefürchtete Krankheit: die Pest. Die Piraten fingen Fische und aßen sie. Und wenn es gar nichts mehr gab, verspeisten sie auch ein paar Ratten.

Zwieback diente als Ersatz für Brot. Doch in dem Zwieback machten sich schnell kleine Käfer breit. Deshalb aßen ihn die Seeräuber oft im Dunkeln, dann sahen sie die Tierchen nicht.

Das größte Problem aber war das Trinkwasser. Bei längeren Fahrten wurde es schnell faul oder Algen bildeten sich darin. Also tranken die Piraten lieber Bier, Wein und Rum.

entnommen aus: „Lernwerkstatt Piraten & Seeräuber", (Best.-Nr. 11 048) erschienen im Kohl-Verlag

Übung 3: Klasse 4

<u>**Aufgabe 1:**</u> Lies den nachfolgenden Text mit Hilfe deines Lesefächers. Nutze das Notizblatt.

Der große Tümmler

Diese Delfinart kennen wir aus dem Zoo oder vom Fernsehen: Der bekannte Flipper war ein Großer Tümmler. Frei lebend trifft man sie in allen Ozeanen, im Mittelmeer und im Schwarzen Meer an. Gebiete um die Arktis und Antarktis werden gemieden. Große Tümmler werden 2-4 Meter lang und können bis zu 300 kg wiegen. Jhre Farbe ist grau, auf der Bauchseite sind sie je nach Art etwas heller. Man kann sie an ihrer sichelförmigen, dunklen Finne gut erkennen. Sie ernähren sich hauptsächlich von Fischen, Krebstieren und Tintenfischen. Große Tümmler spielen gerne. Sie machen hohe Luftsprünge und begleiten manchmal Schiffe und Boote. Sie leben in Schulen von 20, teilweise bis zu mehreren hundert Tieren zusammen. Sie sind sehr gesellig und freundlich. So werden sie in der Delfintherapie bei der Förderung behinderter Kinder eingesetzt. USA und Russland trainieren die Tiere für das Finden von Seeminen. Die Schwangerschaft dauert ungefähr ein Jahr. Gleich nach der Geburt sind andere Delfinweibchen dem Jungen behilflich, schnell an die Wasseroberfläche zum Atmen zu gelangen, was für ein ausgeprägtes Sozialverhalten spricht! Delfine können 40 Jahre alt werden. Sie sind nicht vom Aussterben bedroht. Doch so manches Tier verfängt sich in den kilometerlangen Fischernetzen, mit denen Thunfisch gefangen wird. Da die Delfine dann nicht mehr an Luftsauerstoff kommen, müssen sie ertrinken. Es gibt mittlerweile „delfinfreundlich" gefangenen Thunfisch.

entnommen aus: „Lernwerkstatt Wale, Delfine, Robben und Co", (Best.-Nr. 10 918) erschienen im Kohl-Verlag

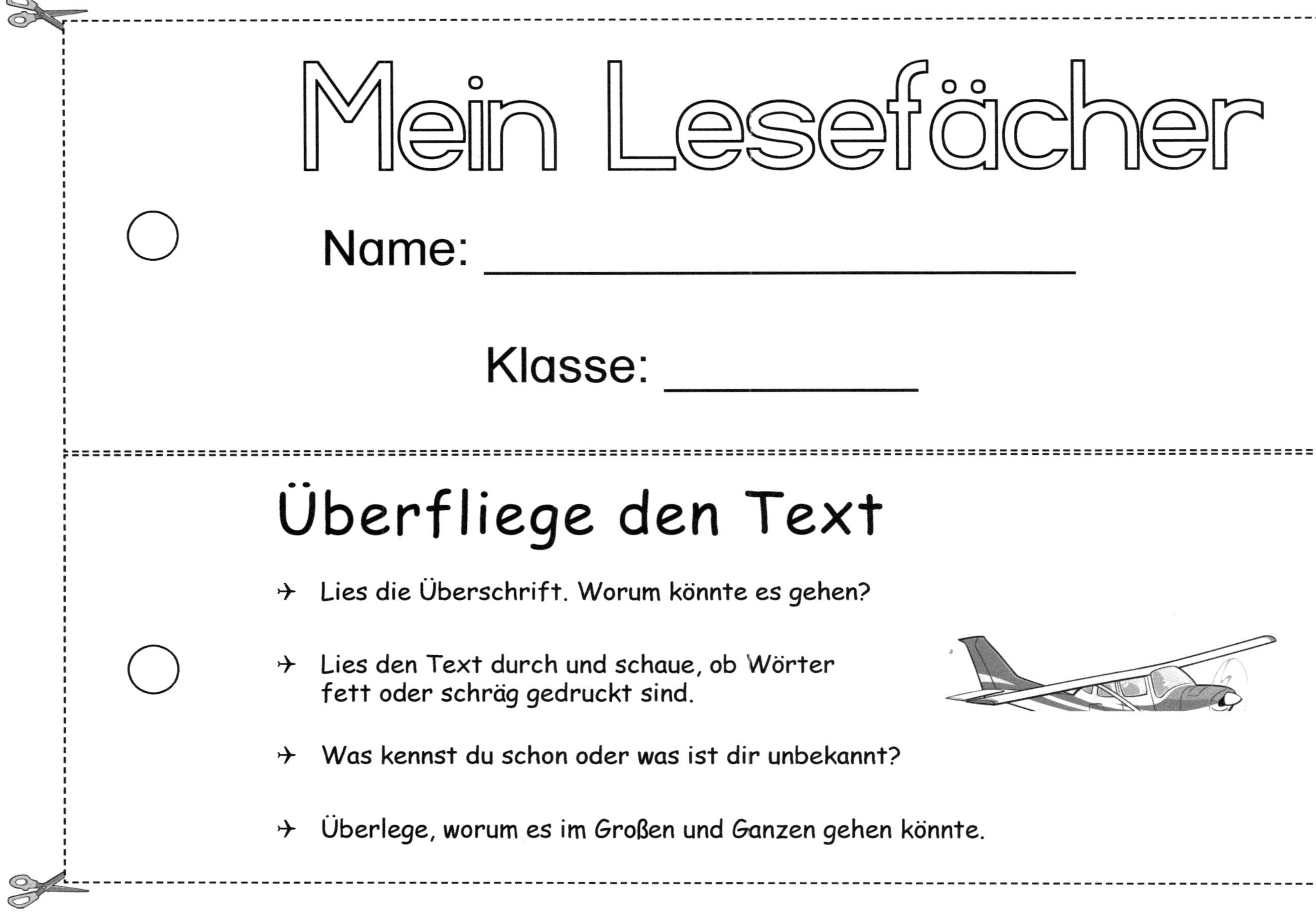
Mein Lesefächer
Name:
Klasse:
Überfliege den Text
Lies die Überschrift. Worum könnte es gehen?
Lies den Text durch und schaue, ob Wörter fett oder schräg gedruckt sind.
Was kennst du schon oder was ist dir unbekannt?
Überlege, worum es im Großen und Ganzen gehen könnte.

Fragen stellen

- ✓ Nun sollst du Fragen an den Text stellen. Es eignen sich die W-Fragen.

  Wer? Was? Wann? Wo? Warum?

- ✓ Jetzt weißt du, worum es geht.
- ✓ Wenn es eine Aufgabenstellung gibt, lies diese genau.

Gründlich lesen

- ⇨ Lies nun den Text nochmals und ganz gründlich.
- ⇨ Markiere wichtige Stellen. Du kannst hierzu verschiedene Farben verwenden oder einen Textmarker.
- ⇨ Schreibe Schlüsselwörter auf einem Notizblatt auf.
- ⇨ Wenn ein Abschnitt schwierig ist, so bearbeite ihn nochmals.

Die Fünf-Schritt-Lesemethode

Kopiervorlagen für den Lesefächer (Sek. I)

Zusammenfassen

- ⇨ Setze dir Abschnitte und fasse den Inhalt kurz auf einem Notizblatt zusammen.
- ⇨ Benutze für deine Zusammenfassung eigene Wörter. Schreibe nichts aus dem Text ab.
- ⇨ Fällt dir die Zusammenfassung scwer, gehe nochmals einen oder zwei Leseschritte zurück.

Wiederholen

- ☑ Nun fasse den gesamten Text kurz mit eigenen Worten zusammen und wiederhole so die einzelnen Textabschnitte.
- ☑ Wenn du magst, kannst du auch ein Schaubild erstellen.

Zusatzkarte „6-Schritt-Lesemethode“

Schwierige Wörter klären

- Unterstreiche Wörter, die du nicht verstehst.
- Schaue im Wörterbuch nach, was die einzelnen Wörter bedeuten.
- Du kannst auch im Internet nachschauen.

Notizblatt – 5-Schritt-Lesemethode (Sek. I)

Welche Info kannst du der Überschrift entnehmen?

Wer?

Was?

Wann?

Wo?

Warum?

Deine Schlüsselwörter:

Die Zusammenfassung deiner Abschnitte:

Notizblatt – 6-Schritt-Lesemethode (Sek. I)

Welche Info kannst du der Überschrift entnehmen?

Welche Wörter kennst du nicht?

Wer?

Was?

Wann?

Wo?

Warum?

Deine Schlüsselwörter:

Die Zusammenfassung deiner Abschnitte:

Übung 1: Klasse 5

Aufgabe 1: *Lies den nachfolgenden Text mit Hilfe deines Lesefächers. Nutze das Notizblatt.*

Amerigo Vespucci

Amerigo Vespucci erblickte wahrscheinlich am 9. März 1451 (die Historiker streiten darüber, ob es 1451 oder 1454 war) in Florenz das Licht der Welt. Während seines Berufslebens war er Kaufmann, Navigator und Seefahrer. Heute ist er überwiegend als Entdecker bekannt. Wie sein Name verrät, wurde nach ihm der Kontinent Amerika benannt. Doch wie kommt das? War es nicht Christoph Kolumbus, der Amerika entdeckte? Der ursprüngliche Entdecker des Kontinents Amerika war wohl auch Kolumbus. Allerdings wollte er einen Seeweg nach Indien finden und landete auf den Amerika vorgelagerten Inseln – aber nicht auf dem eigentlichen Kontinent! Da Kolumbus glaubte, er wäre in Indien, nannte er die Menschen dort Indianer, die Inseln bekamen den Namen „Westindische Inseln". Erst später wurde Kolumbus Irrtum entdeckt. Vespucci unternahm Expeditionen nach Südamerika. Dort erforschte er intensiv das Festland, also die Ostküste Südamerikas sehr genau. Schließlich kam ihm eine fantastische Idee – er war überzeugt, dass die „Neue Welt" ein ganz eigener Kontinent sei. Damit lag Vespucci genau richtig! Er hatte als Erster erkannt, dass die Westindischen Inseln sowie Süd- und Nordamerika einen eigenständigen Kontinent bilden und damit die Erde wesentlich größer ist, als bis dahin angenommen.

entnommen aus: „Lernwerkstatt Wichtige Entdecker der Geschichte", (Best.-Nr. 10 995) erschienen im Kohl-Verlag

KOHL VERLAG Die Fünf-Schritt-Lesemethode Die effektivste Methode, nachhaltig Lesen zu lernen! – Bestell-Nr. 12 570

Übung 2: Klasse 5

Aufgabe 1: *Lies den nachfolgenden Text mit Hilfe deines Lesefächers. Nutze das Notizblatt.*

Log und Knoten

Mit dem Log wurde früher die Geschwindigkeit eines Schiffes gemessen. Und das ging so: Das Log, ein mit Blei beschwertes Holzstück, wurde an einer langen Leine über Bord geworfen. Diese Leine hatte in festen Abständen Knoten. Der Seemann zählte die Knoten, während er die Leine abrollte – das Log schwamm an der Stelle, wo es hineingeworfen wurde. Nach einer festgesetzten Zeit wurde die Länge der abgerollten Schnur bestimmt. Die Zeit wurde mit einer Sanduhr, dem sogenannten Logglas, bestimmt. Die Geschwindigkeit von Schiffen wird in Knoten (kn) angegeben. Legt also ein Schiff in einer Stunde 1 Seemeile (1 sm = 1,852 km) zurück, so beträgt seine Geschwindigkeit 1 Knoten (kn).

entnommen aus: „Lernwerkstatt Piraten & Seeräuber“, (Best.-Nr. 11 048) erschienen im Kohl-Verlag

Die Piratenflagge – Jolly Roger

Die erste Fahne der Piraten war wohl einfach ein rotes Tuch. Der Name stammt aus dem Französischen: Jolie Rouge bedeutet schönes Rot. Seit dem 17. Jahrhundert gab es die schwarze Flagge mit dem Totenkopf und den gekreuzten Knochen oder Säbeln. Auch Skelette oder durchbohrte Herzen und Sanduhren sah man. Der Totenkopf fand sich auf allen Piratenflaggen. Auf der Suche nach Beute fuhr ein Piratenschiff oft „unter falscher Flagge“. So konnte es sich seinem Opfer ungestört nähern. Erst während der Verfolgung wurde der Jolly Roger gehisst.

entnommen aus: „Lernwerkstatt Piraten & Seeräuber“, (Best.-Nr. 11 048) erschienen im Kohl-Verlag

Übung 3: Klasse 5

Aufgabe 1: *Lies den nachfolgenden Text mit Hilfe deines Lesefächers. Nutze das Notizblatt.*

Die „Schreckensechsen“ werden entdeckt

Lange wusste niemand, dass es überhaupt Dinosaurier gegeben hat. 1820 fand der englische Arzt Mantell versteinerte Zähne und Knochen. Er schloss daraus, dass sie einem riesigen Reptil gehört haben mussten. Die Zähne ähnelten Leguanzähnen. So gab er diesem Tier den Namen Iguanodon (Leguanzahn). Nachdem in den folgenden Jahren weitere Funde gemacht wurden, nannte der englische Urzeitforscher Richard Owen die Tiergruppe „Dinosaurier“ (Schreckensechsen). Das Wort „saurus“ ist griechisch und heißt übersetzt „Echse“, das griechische Wort „deinos“ heißt „schrecklich“. Nachdem der Urzeitforscher den Schenkelknochen und die Zähne eines Dinos genau untersucht hatte, stellte er fest, dass dieses Tier erschreckend groß gewesen sein musste. Aber nicht nur Fossilien geben Hinweise auf die Geschichte der Dinosaurier. An Flussufern, wo Dinosaurier beim Trinken im Schlamm gelaufen sind, finden sich heute getrocknete und fossile Fußspuren der Dinos. Aus Fußspuren lässt sich viel ablesen, zum Beispiel das Gewicht des Tieres, die Geschwindigkeit oder die Körperhaltung.

entnommen aus: „Lernwerkstatt Die Welt der Dinosaurier“, (Best.-Nr. 11 134) erschienen im Kohl-Verlag

Übung 1: Klasse 6

Aufgabe 1: *Lies den nachfolgenden Text mit Hilfe deines Lesefächers. Nutze das Notizblatt.*

Alles über Fossilien

Das Wort „Fossil" kommt aus dem Lateinischen und heißt „ausgraben". Fossilien sind versteinerte Überreste von Pflanzen oder Tieren aus der Vergangenheit. Niemand hat einen lebenden Dinosaurier gesehen. Woher aber wissen die Paläontologen (das sind Wissenschaftler, die sich mit dem Erforschen vorzeitlicher Lebewesen beschäftigen), wie die Dinosaurier ausgesehen haben? Paläontologen suchen, erhalten und bauen gefundene Fossilien zusammen. Daraus können sie Rückschlüsse auf das Leben dieser Wesen ziehen.

Ein totes Tier wird zufällig rasch mit Schlamm oder Sand bedeckt, zum Beispiel durch einen Erdrutsch. So kann es nicht verwesen. Die weichen Körperteile zerfallen, die härteren Knochen bleiben übrig. Manchmal bleiben sie unverändert in dieser geschützten Umgebung über Millionen Jahre liegen. Wenn sich in den Hohlräumen der Knochen Mineralien absetzen, beginnt die Versteinerung. Millionen Jahre nach dem Tod eines Dinos wird ein Schädel gefunden. Anhand der Fundschicht kann das Alter bestimmt werden. Wichtig sind der Fundort und die genaue Lage des Fossils, denn nur so können die Wissenschaftler es richtig einordnen. Die Fundstelle wird mit Hilfe eines GPS-Senders ermittelt, Fotos werden geschossen, Gesteinsproben genommen. Erst dann wird der Fund in Gips oder Kunstharzschaum gehüllt und in ein Labor gebracht. Wenn er dort fertig behandelt ist, kannst du ihn im Museum bewundern!

Als „Lebende Fossilien" bezeichnet man Tierarten, die sich seit vielen Millionen von Jahren kaum verändert haben und trotzdem noch leben, während alle nahen Verwandten der Tierart seit Jahrmillionen ausgestorben sind. Bekannt ist der Kiwi, ein flugunfähiger Vogel, der in Neuseeland lebt. Seine Art lebt jetzt schon seit 140 Millionen Jahren – also seit der Zeit der Dinosaurier. Weitere „Lebende Fossilien" sind Krokodile und Schildkröten.

entnommen aus: „Lernwerkstatt Die Welt der Dinosaurier", (Best.-Nr. 11 134) erschienen im Kohl-Verlag

Die Fünf-Schritt-Lesemethode

Übung 2: Klasse 6

Aufgabe 1: *Lies den nachfolgenden Text mit Hilfe deines Lesefächers. Nutze das Notizblatt.*

Die Dinos erscheinen

Vor etwa 250 Millionen Jahren erschienen die ersten Vorgänger der Dinosaurier auf der Erde. Es waren zum Teil krokodilähnliche Tiere mit langem Schwanz und kräftigen Hinterbeinen. Einige davon begannen bald, auf den Hinterbeinen zu laufen und ihr Gleichgewicht mit dem Schwanz zu halten. Sie legten Eier wie die Vögel heute. Mehr und mehr verbreiteten sie sich auf dem riesigen Kontinent Pangäa. Das Erdmittelalter, das vor etwa 250 Mio. Jahren begann, ist das Zeitalter der Dinosaurier. Sie entwickelten sich an Land, im Meer und auch in der Luft.

Bis heute hat man über 500 verschiedene Saurierarten gezählt. Es kommen immer noch neue hinzu. So wird eine genaue Einordnung schwierig. Eine grobe Einteilung ist in Land-, Meeres- und Flugsaurier möglich. Auch eine Einteilung in Fleischfresser und Pflanzenfresser gibt es. Die Wissenschaftler haben sich auf eine andere Einteilung geeinigt: Zwei Gruppen lassen sich durch die Form ihres Beckens voneinander unterscheiden: die Saurischia (Echsenbecken-Saurier) und die Ornithischia (Vogelbecken-Saurier).

Saurischier: Bei diesen Sauriern zeigt das Schambein nach vorn und das Sitzbein nach hinten wie bei einer Echse. Der fleischfressende Tyrannosaurus Rex, der riesige Pflanzenfresser Diplodocus und der berühmte Megalosaurus gehörten zu dieser Gruppe.

Ornithischier: Bei dieser Gruppe liegen das Schambein und der Sitzknochen nebeneinander wie bei einem Vogel. Zu den Vogelbeckensauriern gehörten zum Beispiel der Stegosaurus und der Triceratops mit seinen spitzen Hörnern.

entnommen aus: „Lernwerkstatt Die Welt der Dinosaurier", (Best.-Nr. 11 134) erschienen im Kohl-Verlag

KOHL VERLAG Die Fünf-Schritt-Lesemethode Die effektivste Methode, nachhaltig Lesen zu lernen! – Bestell-Nr. 12 570

Übung 3: Klasse 6

<u>Aufgabe 1</u>: *Lies den nachfolgenden Text mit Hilfe deines Lesefächers. Nutze das Notizblatt.*

<u>Die Eisbären und der Otter</u>

Die Eisbären werden zum einen den Landsäugetieren, zum anderen aber auch den Meeressäugern zugeordnet. Sie leben am Treibeis des Nordpolarmeeres und den arktischen Ländern. Sie bauen sich Schneehöhlen und finden genug Nahrung: Robben, Fische, mal ein Walross oder Aas. Eisbären werden bis zu 2,50 Meter groß und wiegen um die 500 kg. Weibchen sind um einiges kleiner. Bären können nicht besonders gut sehen, aber dafür ausgezeichnet riechen. Ihre Nase ermöglicht es ihnen, Robben in ihren Höhlen unter dem Eis aufzufinden. Das Eisbärfell ist gelblich und so dicht, dass Wasser nicht eindringen kann. Die Haut ist schwarz, und darunter haben die Eisbären eine dicke Fettschicht zur Wärmeisolierung. Selbst die Fußsohlen sind behaart, und an den Vorderpfoten zeigen sich Teile von Schwimmhäuten. Die Tatzen sind also Paddel und Rutschbremse zugleich! Im Winter wandern sie gegen Süden. Sie können am Tag bis 80 km zurücklegen und erreichen dabei Geschwindigkeiten bis zu 40 km/h. Trotz ihres schweren Körpers überspringen sie auch Eisspalten bis zu 5 Meter Breite.

Eisbären sind bis auf die Paarungszeit ungesellige Einzelgänger. Die Jungen kommen nach 8 Monaten Tragzeit, meistens gleich zwei Stück, in einer Eishöhle auf die Welt. Sie sind knapp 30 cm lang, blind und taub. Drei Monate werden sie gesäugt, bevor sie die Höhle verlassen. Eisbären können bis zu 20 Jahre alt werden.

Der Seeotter ist auf der gesamten Nordhalbkugel der Erde verbreitet. Er misst 130-150 cm, wovon 30 cm für den Schwanz abgerechnet werden müssen. Die Männchen können bis zu 40 kg wiegen, die Weibchen sind kleiner und leichter. Seeotter haben ein dunkelbraunes Fell, der Kopf ist heller. Sie haben keine isolierende Fettschicht, dafür aber ein dichtes Fell und eine noch dichtere, feine Unterwolle. Seeotter haben nach hinten versetzte Hinterbeine mit Schwimmhäuten zwischen den Zehen. Die kleinen Ohrmuscheln und Augen sowie der schwerfällige Gang an Land erinnern an die Robben. Auch beim Schwimmen und Tauchen ähnelt er den Robben. Seine liebste Beschäftigung ist jedoch das reglose Sich-Treiben-Lassen auf dem Wasser. Seeotter ernähren sich gerne von Seeigeln, Muscheln, Krebsen und Fischen. Sie tauchen 20-40 m tief und holen sich ihre Beute an die Wasseroberfläche, um sie auf dem Rücken liegend zu verzehren. Dabei leisten ihnen die Felltaschen, die durch ihre lockere Haut entstehen, gute Dienste.

Fortsetzung ...

KOHL VERLAG Die Fünf-Schritt-Lesemethode

Übung 3: Klasse 6

... Fortsetzung

Die Eisbären und der Otter

Harte Schalen seiner Beute (z. B. Muscheln) öffnet er mit Hilfe eines Steins. Dass Tiere „Werkzeuge“ benutzen, ist sehr außergewöhnlich! Zur Erhaltung ihrer Körpertemperatur nehmen Seeotter täglich ein Viertel ihres Gewichtes an Nahrung zu sich! Die Tiere leben gesellig, verbringen den Tag meist auf dem Wasser und suchen nachts ihre Gruben auf, die im Schutz eines Baumes oder großen Steines liegen. Dort kommt auch nach 8-9 Monaten Tragzeit das Junge zur Welt. Seeotter sind intelligent und lernfähig, wie schon der Gebrauch von Werkzeugen zeigt. Anfang des 20. Jahrhunderts waren sie wegen ihres wertvollen Fells fast ausgerottet. 1911 wurde ein Jagdverbot durchgesetzt.

entnommen aus: „Lernwerkstatt Wale, Delfine, Robben & Co“, (Best.-Nr. 10 918) erschienen im Kohl-Verlag

Anleitung „5-Schritt-Lesemethode“

Schritt 1

Überfliege den Text

- Lies die Überschrift. Worum könnte es gehen?
- Lies den Text durch und schaue, ob Wörter fett oder schräg gedruckt sind.
- Was kennst du schon oder was ist dir unbekant?
- Überlege, worum es im Großen und Ganzen gehen könnte.

Schritt 2

Fragen stellen

- Nun sollst du Fragen an den Text stellen. Es eignen sich die W-Fragen.

  Wer? Was? Wann? Wo? Warum?
- Jetzt weißt du, worum es geht.
- Wenn es eine Aufgabenstellung gibt, lies diese genau.

Schritt 3

Gründlich lesen

- Lies nun den Text nochmals und ganz gründlich.
- Markiere wichtige Stellen. Du kannst hierzu verschiedene Farben verwenden oder einen Textmarker.
- Schreibe Schlüsselwörter auf einem Notizblatt auf.
- Wenn ein Abschnitt schwierig ist, so bearbeite ihn nochmals.

Schritt 4

Zusammenfassen

- Setze dir Abschnitte und fasse den Inhalt kurz auf einem Notizblatt zusammen.
- Benutze für deine Zusammenfassung eigene Wörter. Schreibe nichts aus dem Text ab.
- Fällt dir die Zusammenfassung schwer, gehe nochmals einen oder zwei Leseschritte zurück.

Schritt 5

Wiederholen

- Nun fasse den gesamten Text kurz mit eigenen Worten zusammen und wiederhole so die einzelnen Textabschnitte.
- Wenn du magst, kannst du auch ein Schaubild erstellen.

Anleitung „6-Schritt-Lesemethode“

Schritt 1

Überfliege den Text

- Lies die Überschrift. Worum könnte es gehen?
- Lies den Text durch und schaue, ob Wörter fett oder schräg gedruckt sind.
- Was kennst du schon oder was ist dir unbekant?
- Überlege, worum es im Großen und Ganzen gehen könnte.

Schritt 2

Schwierige Wörter klären

- Unterstreiche Wörter, die du nicht verstehst.
- Schaue im Wörterbuch nach, was die einzelnen Wörter bedeuten.
- Du kannst auch im Internet nachschauen.

Schritt 3

Fragen stellen

- Nun sollst du Fragen an den Text stellen. Es eignen sich die W-Fragen.
  Wer? Was? Wann? Wo? Warum?
- Jetzt weißt du, worum es geht.
- Wenn es eine Aufgabenstellung gibt, lies diese genau.

Schritt 4

Gründlich lesen

- Lies nun den Text nochmals und ganz gründlich.
- Markiere wichtige Stellen. Du kannst hierzu verschiedene Farben verwenden oder einen Textmarker.
- Schreibe Schlüsselwörter auf einem Notizblatt auf.
- Wenn ein Abschnitt schwierig ist, so bearbeite ihn nochmals.

Schritt 5

Zusammenfassen

- Setze dir Abschnitte und fasse den Inhalt kurz auf einem Notizblatt zusammen.
- Benutze für deine Zusammenfassung eigene Wörter. Schreibe nichts aus dem Text ab.
- Fällt dir die Zusammenfassung schwer, gehe nochmals einen oder zwei Leseschritte zurück.

Schritt 6

Wiederholen

- Nun fasse den gesamten Text kurz mit eigenen Worten zusammen und wiederhole so die einzelnen Textabschnitte.
- Wenn du magst, kannst du auch ein Schaubild erstellen.

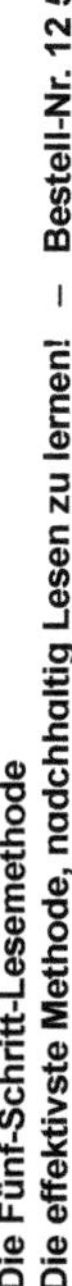

Übung 1: Klasse 7

Aufgabe 1: *Lies den nachfolgenden Text nach der Lesemethode.*

Hochkulturen

Als Hochkultur wird eine Gesellschaft bezeichnet, die im Vergleich zu anderen Gesellschaften besonders weit entwickelt war. Merkmale für eine Hochkultur ist z. B., dass es jemanden gibt, der den Staat anführt, dass es eine Schriftsprache gibt, dass die Menschen eine Religion haben oder dass es verschiedene Berufe wie Händler, Viehzüchter oder Getreidebauer gibt. Zu den ältesten „Hochkulturen" gehören China, Ägypten, die Mayas, die Römer und die Griechen:

China: 5000 Jahre ist die chinesische Kultur inzwischen alt. Sie ist die älteste (sogar die einzige) noch existierende alte Hochkultur der Welt. Kalligrafie, Malerei, Gedichte und Denkweisen konnten über Jahrtausende weitergegeben werden, während materielle Güter aus früheren Dynastien kaum erhalten geblieben sind. Chinesische Antiquitäten aus Porzellan, Jade oder Bronze sind heutzutage besonders wertvoll.

Die Mayas lebten von etwa 3000 v. Chr. bis heute in Mexiko und Guatemala. Viele Geheimnisse umgeben dieses Volk, das einst die am höchsten entwickelte Kultur auf den amerikanischen Kontinenten besaß. Die Mayas hatten schon Schriftzeichen und betrieben Ackerbau.

Ägypten: Die ägyptische Kultur entwickelte sich an einem großen Fluss, dem Nil. Sie begann im Jahr 3000 vor Christus. Zu dieser Zeit entstanden die Hieroglyphen und der Kalender. Bald folgten die ersten Steinbauten und Malereien. Pharaonen regierten das Land.

Die Alten Griechen hatten anfangs noch Stadtstaaten mit Königen, es herrschte also eine Monarchie. Aber nach und nach setzte sich die Demokratie durch. Die Griechen „erfanden" auch die Olympischen Spiele. Durch griechische Philosophen, Naturwissenschaftler und Dichter wurde unsere Kultur nachhaltig beeinflusst. Dazu gehört zum Beispiel der Philosoph und Mathematiker Pythagoras.

Die Römer: Vor über 2000 Jahren war die Stadt Rom das glanzvolle Zentrum des riesigen Römischen Reiches. Es gab in der Stadt Rom und daraufhin auch im gesamten Römischen Reich bereits viele Dinge, die für uns heute selbstverständlich sind, für antike Verhältnisse aber extrem fortschrittlich waren: Bildung war für die Römer wichtig, deshalb wurde Lesen, Schreiben und Mathematik gelehrt. Sie bauten schon damals Brücken, Straßen, Wasserleitungen und Kanäle.

entnommen aus: „Lernwerkstatt Unsere Erde", (Best.-Nr. 11 300) erschienen im Kohl-Verlag

Übung 2: Klasse 7

Aufgabe 1: *Lies den nachfolgenden Text nach der Lesemethode.*

Die Erde, das Sonnensystem und ihre Entdecker

Die meisten Sterne am Himmel sind selbstleuchtende Fixsterne wie unsere Sonne. Nur Planeten (Wandelsterne) und Monde bewegen sich. Unser Sonnensystem besteht aus der Sonne und neun Planeten mit 44 Monden. Planeten umkreisen die Sonne. Sie leuchten nicht selbst, sondern werden von der Sonne angestrahlt. Monde umkreisen die Planeten. Auch sie leuchten nicht selbst. Während manche Planeten mehrere Monde haben, hat die Erde nur einen Mond.

Unser Sonnensystem ist Teil der „Milchstraße". Die Milchstraße ist eine Ansammlung von ca. 100 Milliarden selbstleuchtender Fixsterne (= Sonnen). Fast alle Sterne, Planeten und Monde, die wir am Himmel sehen, gehören zu unserer Milchstraße. Sterne sind Lichtjahre von uns entfernt. Du siehst das Licht eines Sternes, das er bereits vor vielen Lichtjahren ausgeschickt hat. Licht legt in einer Sekunde ca. 300.000 km zurück. Das Licht braucht von der Sonne zur Erde ca. acht Minuten. Der Mond ist das größte und hellste Objekt, das wir am Nachthimmel sehen. Er wird von der Sonne angestrahlt. Als nächster Nachbar der Erde ist er „nur" 348.000 km entfernt. Er hat ein Viertel der Erdgröße. Der Durchmesser der Sonne beträgt 1.392.530 km (das sind 109 Erdkugeln nebeneinander). Insgesamt passen mehr als 1 Million Erdkugeln in sie hinein. Auf der Sonne und in ihrem Inneren herrscht eine unvorstellbare Hitze. Die Sonne steht im Mittelpunkt unseres Sonnensystems. Sie liefert uns Wärme und Licht zum Leben. Um unsere Sonne kreisen neun Planeten.

Dass wir heute über unsere Erde so gut Bescheid wissen, verdanken wir mutigen Seefahrern, Entdeckern und Forschern. Einer davon war Christoph Kolumbus. Christoph Kolumbus war ein Seefahrer aus der italienischen Hafenstadt Genua. Er zog nach Spanien. Von dort reiste er über den Atlantik, was er lange geplant hatte. „Santa Maria" hieß das Schiff von Kolumbus. Die beiden anderen Schiffe, die ihn begleiteten, hießen Pinta und Niña. Europäische Seeleute pflegten damals ostwärts nach „Indien" zu segeln. Sie brachten Gold, Gewürze und andere Reichtümer aus Asien zurück. Kolumbus glaubte fest daran, er würde schneller nach Indien gelangen, wenn er westwärts segelte. Vom spanischen Königshaus bekam er Geld und Schiffe für seine Entdeckungsfahrt. Kolumbus unternahm vier Expeditionen nach Amerika. Bis zu seinem Tod glaubte er, einen westlichen Weg nach Indien gefunden zu haben. In Wirklichkeit aber hatte er Amerika entdeckt. Die amerikanischen Ureinwohner heißen deshalb heute noch Indianer. Und die Inseln, die Kolumbus als Erster erreichte, bezeichnen wir heute noch als Westindische Inseln.

entnommen aus: „Lernwerkstatt Unsere Erde", (Best.-Nr. 11 300) erschienen im Kohl-Verlag

Übung 3: Klasse 7

Aufgabe 1: *Lies den nachfolgenden Text nach der Lesemethode.*

Afrika

Afrika ist der zweitgrößte Kontinent der Welt und etwa 100 Mal so groß wie Deutschland. In Nordafrika liegt die größte Wüste der Welt, die Sahara. Dort ist es sehr trocken und heiß. Die Mitte und der Süden Afrikas werden auch als „Schwarz-Afrika" bezeichnet. Dort gibt es zwei weitere Wüsten: die Kalahari und die Namib. In der Nähe des Äquators, der quer durch die Mitte Afrikas verläuft, wachsen üppige Regenwälder. Die Hochebenen Afrikas sind von Grassteppen (Savannen) bedeckt. Hier leben u. a. Zebras, Giraffen, Impalas, Löwen, Hyänen, Elefanten, Paviane, Nashörner und Krokodile.

Afrika hat viele Bodenschätze: Gold, Diamanten, Kohle, Uran, Erze, Erdöl und Erdgas. Doch die Bevölkerung hat wenig davon. In Afrika gibt es noch viele Entwicklungsländer, wo die meisten Bewohner sehr arm sind. Dazu wächst Afrikas Bevölkerung: 1,2 Milliarden Menschen leben auf dem Kontinent und es werden ganz schnell immer mehr. Die Folgen sind schlimm: Hunger, Armut und Umweltzerstörung. Es kriselt an vielen Ecken in Afrika: Die Piraten und der Bürgerkrieg in Somalia, Nordafrika ist im politischen Umbruch (Arabischer Frühling), vom Kongo und der Elfenbeinküste gibt es schreckliche Meldungen über Verbrechen und Krieg.

Die größte Stadt Afrikas ist Kairo (Ägypten), danach folgt Lagos (Nigeria). Die drittgrößte Stadt ist Kinshasa (Demokratische Republik Kongo). Der höchste Berg ist der Kilimandscharo (5895 m hoch) in Tansania, der größte See ist der Victoriasee in Ostafrika. Der längste Fluss Afrikas (und der ganzen Welt) ist der Nil mit 6671 km. Weitere große Flüsse sind der Kongo und der Niger. Die größte Insel ist Madagaskar.

Der Kilimandscharo liegt im Nordosten von Tansania an der Grenze zu Kenia. Er hat drei erloschene Vulkangipfel. Der Kibo oder Uhuru Peak ist der Hauptkrater. Er hat eine Höhe von 5895 Metern. Seine Gipfel sind vergletschert. Der Kibo ist ein ruhender Vulkan. Aus seinem Krater kommen noch immer heiße Schwefeldämpfe. Um das Jahr 1850 entdeckte der Forscher Rebmann den Kilimandscharo mit seinem schneebedeckten Gipfel mitten in Afrika. Doch die Leute glaubten ihm damals nicht. Die Erstbesteigung des Kilimandscharos gelang im Jahre 1889. Auf Suaheli bedeutet Kilimandscharo „Berg des bösen Geistes". Bei den Bewohnern um den Berg heißt er auch „Berg des Quellwassers". Die Besteigung des Kilimandscharos ist nicht schwierig. Jedes Jahr reisen fast 20 000 Touristen an und versuchen einen Aufstieg. Doch nur etwa die Hälfte aller Bergsteiger erreicht auch wirklich den höchsten Punkt. Viele der Besucher geben vorher auf, weil sie die „Höhenkrankheit" erwischt. Für den Aufstieg wird eine Gebühr verlangt. Auch ist vorgeschrieben, einen einheimischen Führer sowie einheimische Träger mitzunehmen.

entnommen aus: „Lernwerkstatt Unsere Erde", (Best.-Nr. 11 300) erschienen im Kohl-Verlag

Übung 1: Klasse 8

Aufgabe 1: *Lies den nachfolgenden Text nach der Lesemethode.*

Von den Römern zu den Franken

Gegen Ende der römischen Herrschaft und damit auch gegen Ende der Antike setzte die sogenannte Völkerwanderung ein. Im 4. und 5. Jahrhundert n. Chr. zogen germanische Völker durch Westeuropa, um sich in neuen Gebieten anzusiedeln. Zu diesen Völkern zählten auch die Franken, die sich zunächst am Nieder- und am Mittelrhein niederließen. Im Laufe der folgenden Zeit setzten sich die Franken gegen die anderen germanischen Völker durch. Bereits während der römischen Herrschaft waren sie besonders hervorgetreten und hatten z. B. wichtige Positionen im Heer eingenommen. Und als das weströmische Reich 476 schließlich untergegangen war, nutzten die Franken unter dem König Chlodio – er gehörte dem Geschlecht der Merowinger an – die Gelegenheit und eroberten Städte wie Köln und Trier, aber auch Gebiete im Norden des heutigen Frankreich.

482 übernahm der Merowinger Chlodwig die Herrschaft. Unter ihm fielen die letzten Reste römischer Staatlichkeit, vor allem des römischen Heerwesens, in die Hände der Franken. In den Jahren 506 und 507 besiegten die Franken die Alemannen und die Westgoten. Außerdem übernahm Chlodwig den katholischen Glauben der Römer. Mit diesem Übertritt zum Christentum wurde die Überlegenheit der Franken gegenüber allen anderen germanischen Völkern endgültig sichtbar. Die Franken traten in die Fußstapfen der Römer und hatten so unter den germanischen Völkern die größte Macht, die sich schließlich vom Rhein bis zu den Pyrenäen erstreckte. Später, nachdem Chlodwig, der König aller Franken, im Jahre 511 gestorben war, fielen noch weitere Gebiete wie das Thüringerreich, Burgund und die Provence an die Franken. Im Inneren war das Reich nach römischem Vorbild organisiert.

Es gab verschiedene Amtsträger, die den König bei der Verwaltung des Reiches unterstützten. So gab es z. B. den Hausmeier, den Major Domus, der ursprünglich das königliche Haus verwaltete. Im Laufe der Zeit wurde der Hausmeier zum mächtigsten Amtsträger, da er oft die Regierungsgeschäfte von minderjährigen Königen übernahm. Auf diese Weise kam es auch zum Machtverlust und schließlich zum Abstieg der Merowinger, als Pippin der Mittlere, aus dem Geschlecht der Karolinger, zum Hausmeier und damit praktisch zum Alleinherrscher im Frankenreich wurde. Anschließend war Karl Martell, der Sohn Pippins und der spätere Großvater Karls des Großen, der oberste Repräsentant des Frankenreichs, nach außen wie nach innen. Sein Sohn, Pippin der Jüngere, war es schließlich, der sich 751 offiziell zum König ernennen ließ. Somit hatten die Karolinger zu dem Zeitpunkt, als Karl der Große und sein Bruder Karlmann die Herrschaft antraten, die Merowinger endgültig abgelöst.

entnommen aus: „Lernwerkstatt Karl der Große“, (Best.-Nr. 11 458) erschienen im Kohl-Verlag

Übung 2: Klasse 8

Aufgabe 1: *Lies den nachfolgenden Text nach der Lesemethode.*

Karl der Große

Karl wurde vermutlich am 2. April 748 geboren. Manchen Historikern zufolge war sein Geburtsjahr bereits 747. Er gehörte dem Adelsgeschlecht der Arnulfinger an, die später nach seinem Namen als Karolinger bezeichnet wurden. Er war der älteste Sohn seines Vaters Pippin. Über seine Mutter Bertrada wissen wir nur sehr wenig. Pippin wählte wahrscheinlich den Namen „Karl" für seinen Sohn aus, da er ihn an seinen Großvater Karl Martell erinnerte. Damit wollte er signalisieren, dass sein Sohn einmal in die Fußstapfen des großen Hausmeiers treten sollte. Zum Zeitpunkt seiner Geburt war es aber überhaupt noch nicht absehbar, dass Karl einmal über das ganze Frankenreich regieren würde. Zwar war sein Vater zu dieser Zeit der mächtigste Hausmeier (ein Amtsträger, zu dessen Aufgaben ursprünglich einmal die Verwaltung des königlichen Hauses gehörte), aber auch der Sohn von Pippins Vetter Drogo hätte einen Anspruch darauf gehabt, Hausmeier zu werden. Und auch dessen Brüder hatten das Recht, das Amt des Hausmeiers zu übernehmen. Pippin gelang es jedoch, all diese Konkurrenten aus der eigenen Familie nicht zum Zug kommen zu lassen. Auch den Merowingerkönig schaltete er aus, um so selbst König zu werden. Der Erfolg seines Vaters Pippin war somit eine entscheidende Voraussetzung dafür, dass Karl später zum König wurde, auch wenn er die Herrschaft zunächst mit seinem Bruder Karlmann teilen musste.

Das meiste Wissen, das wir heute über Karl haben, stammt von seinem Biografen Einhard, der als Gelehrter an der Hofschule arbeitete. 15 Jahre nach dem Tod Karls verfasste er in lateinischer Sprache die berühmte Vita Karoli Magni, eine Biographie über Karl den Großen. Über Karls erste Lebensjahre schrieb Einhard jedoch nur wenig, deshalb ist uns diese Phase seines Lebens fast unbekannt. Aus dieser Zeit ist lediglich belegt, dass Karl bei einem Empfang des Papstes im Jahre 753 erstmals öffentlich in Erscheinung trat. Im darauffolgenden Jahr wurde er zusammen mit seinem Vater und seinem Bruder vom Papst zum König gesalbt. Diese beiden Ereignisse sind die einzigen, die uns aus der frühen Kindheit Karls, der Infantia, bekannt sind.

Im Allgemeinen wissen wir jedoch, dass adlige Jungen zu Rittern erzogen wurden. Das heißt, sie erlernten vor allem solche Fähigkeiten, die sie für ein ritterliches Leben benötigten. Aus Karls Phase der späten Kindheit, der Pueritia, ist bekannt, dass Pippin seine beiden Söhne mit zunehmendem Alter immer mehr an seinen öffentlichen Angelegenheiten teilnehmen ließ. So nahm er die beiden z. B. in den Jahren 761 und 762 auf seine Kriegszüge mit.

entnommen aus: „Lernwerkstatt Karl der Große", (Best.-Nr. 11 458) erschienen im Kohl-Verlag

Übung 3: Klasse 8

Aufgabe 1: *Lies den nachfolgenden Text nach der Lesemethode.*

Karl der Große und seine Eroberungen

Im Mittelalter war es üblich, dass die Könige und Kaiser nicht von einer Hauptstadt aus regierten, sondern mit ihrer Familie und ihrem Hofstaat durch das ganze Reich zogen. Dabei reisten der König und sein Gefolge von Pfalz zu Pfalz, das ist eine burgähnliche Palastanlage. Diese Form der Herrschaftsausübung nennt man auch Reisekönigtum. Karl der Große war es dann, der in Aachen 789 eine prächtige Pfalz errichten ließ. Sie stellt heute das älteste Bauwerk der Stadt dar. Einige Jahre später kam eine Pfalzkapelle hinzu, die heute einen Teil des Aachener Doms bildet. Karl und auch seine Nachfolger hielten sich gerne und oft in Aachen auf, sodass diese Pfalz sozusagen zu einer Residenz wurde. Warum Karl sich gerade dort so wohlfühlte, kann man bis heute nicht eindeutig sagen. Es wird vermutet, dass Karl die warmen Thermalquellen dort mochte und das Gebiet um Aachen für die Jagd gut geeignet war. In der Pfalzkapelle der Stadt Aachen ließ sich Karl nach seinem Tod im Jahre 814 begraben. Unter Otto I. (912-973) wurde Aachen später dann fast 600 Jahre lang zum Krönungsort deutscher Könige.

Karl dem Großen gelang es während seiner Regierungsjahre, das fränkische Reich erheblich zu vergrößern, indem er unterschiedliche Gebiete im Süden sowie im Osten eroberte. Dazu gehörten das Langobardenreich im heutigen Italien, die sächsischen und awarischen Stämme im Osten sowie das bayrische Reich. Doch nicht immer war Karl mit seinen Kriegszügen so erfolgreich. So erlitt er gegen die muslimischen Mauren auf dem Gebiet des heutigen Spaniens eine peinliche Niederlage. Für die Franken war aber noch schlimmer, dass sie diese Niederlage ausgerechnet gegen die heidnischen Araber erlitten. Deshalb verschwiegen die Geschichtsschreiber der damaligen Zeit diesen Vorfall.

Als Karls Bruder Karlmann noch lebte, ging Karl ein Bündnis mit dem Langobardenkönig Desiderius ein, indem er seine Tochter zur Frau nahm. Dies war damals eine Taktik Karls, um seinen Bruder geographisch zu isolieren. Nach dem Tod Karlmanns änderte sich jedoch Karls Politik gegenüber den Langobarden, ein Volk auf dem Gebiet des heutigen Italiens. Karlmanns Witwe floh wie erwähnt zu Desiderius, der sie bei sich aufnahm und ihr Schutz gewährte. Er wäre auch der einzige gewesen, der Karlmanns Söhnen zu ihrem Recht als Thronfolger hätte verhelfen können. Karl verstand es als eine Kampfansage, dass Desiderius Karlmanns Witwe Zuflucht gewährte. Daraufhin verstieß er seine Frau, die Tochter von Desiderius, von seinem Hof. Dies war praktisch eine Kriegserklärung an den Langobardenkönig. Zunächst geschah jedoch nichts. Stattdessen wandte sich Desiderius an Papst Hadrian und verlangte von ihm, Karlmanns hinterbliebene Söhne zu Königen zu weihen. Als dieser sich weigerte, drohte Desiderius mit einem Angriff auf Rom. Dies veranlasste Karl, der sich als Schutzherr des Papstes verstand, im Sommer 773 nach Italien zu ziehen.

entnommen aus: „Lernwerkstatt Karl der Große“, (Best.-Nr. 11 458) erschienen im Kohl-Verlag

KOHL VERLAG Die Fünf-Schritt-Lesemethode
Die effektivste Methode, nachhaltig Lesen zu lernen! – Bestell-Nr. 12 570

Übung 1: Klasse 9

Aufgabe 1: *Lies den nachfolgenden Text nach der Lesemethode.*

Migration und ihre Ursachen

Zu- und Abwanderung bezeichnen wir allgemein auch mit dem Begriff der Migration. Er ist abgeleitet von dem lateinischen Wort „migratio" und bedeutet übersetzt so viel wie „Wanderung". Sprechen wir von Zu- bzw. Einwanderung, verwenden wir auch den Begriff „Immigration". „Emigration" bezeichnet dagegen die Ab- bzw. Auswanderung von Menschen. Die Wanderung durch Menschen meint hier nicht das Wandern im Sinne eines Ausflugs in die Natur. Sondern wir sprechen von Migration, wenn Menschen ihr Heimatland oder -gebiet verlassen und ihren Wohnort relativ dauerhaft wechseln. Eine einheitliche Definition von Migration gibt es nicht. Es gibt unterschiedliche Ansichten darüber, was man genau unter Migration versteht und wann man von Migration sprechen kann und wann nicht. So gibt es beispielsweise die Meinung, dass man erst von Migration sprechen kann, wenn die Entfernung zwischen Auswanderungsgebiet und Einwanderungsgebiet groß genug ist. Demnach könnte man bei einem Ortswechsel von München nach Hamburg bereits von Migration sprechen, aber nicht bei einem Umzug in die 20 km entfernte Stadt. Dabei spielt auch eine Rolle, wie unterschiedlich die Gesellschaften im Ein- und Auswanderungsgebiet sind. Manche unterscheiden auch, ob die Wanderung freiwillig oder unfreiwillig geschieht. Manche würden z. B. nicht von Migration sprechen, wenn Menschen ihr Heimatland aus Gründen der Verfolgung, also unfreiwillig verlassen. Außerdem stellt sich auch immer die Frage, wie dauerhaft der Wohnortwechsel geplant ist, um von Migration sprechen zu können. Kann man z. B. jemanden als Migranten bezeichnen, der aus beruflichen Gründen für ein halbes Jahr in ein anderes Land zieht? Und: Reicht es aus, nur seinen Wohnort zu wechseln, um als Migrant zu gelten oder muss dafür auch ein Wechsel des Lebensmittelpunktes stattfinden? Wie man sieht, ist die Frage, was Migration genau ausmacht, gar nicht so leicht zu beantworten.

Wie wir schon gesehen haben, findet Migration über unterschiedliche räumliche Entfernungen hinweg statt. Allgemein unterscheidet man hier zwischen drei Formen:

1. **Binnenwanderung**: Diese Art von Wanderung meint den Wohnortwechsel einer oder mehrerer Personen innerhalb eines Landes.
2. **Kontinentale Wanderung**: Von dieser Form der Wanderung spricht man, wenn eine oder mehrere Personen ihr Land verlassen und das Einwanderungsland aber noch auf dem gleichen Kontinent liegt.
3. **Interkontinentale Wanderung**: Diese dritte Art der Wanderung bezeichnet die Wanderung einer oder mehrerer Personen auf einen anderen Kontinent. Aber auch hier gibt es keine einheitlichen Bezeichnungen. Manche unterscheiden lediglich zwischen nationaler und internationaler bzw. transnationaler Wanderung. Andere bezeichnen die dritte Form auch als transatlantische oder überseeische Wanderung.

entnommen aus: „Lernwerkstatt Zu- & Abwanderung. Warum Menschen ihre Heimat verlassen", (Best.-Nr. 11 568) erschienen im Kohl-Verlag

Übung 2: Klasse 9

Aufgabe 1: *Lies den nachfolgenden Text nach der Lesemethode.*

Gastarbeiter und Spätaussiedler

Im Zusammenhang mit dem „Wirtschaftswunder" in den 50er Jahren warb die Bundesrepublik Deutschland Millionen von ausländischen Arbeitskräften an, mit dem Ziel, den eigenen Bedarf an Arbeitskräften zu decken. Insgesamt wanderten auf diesem Wege zwischen 1955 und 1973 rund 14 Mio. sogenannte „Gastarbeiter" nach Deutschland ein. Folgende Anwerbevereinbarungen wurden zwischen der BRD und den Anwerbeländern geschlossen: 1955 mit Italien, 1960 mit Spanien und Griechenland, 1961 mit der Türkei, 1963 mit Marokko, 1964 mit Portugal, 1965 mit Tunesien und 1968 mit Jugoslawien. Im Jahre 1980 waren türkische Staatsangehörige mit 33% die größte Gruppe unter den ausländischen Arbeitskräften. Die „Gastarbeiter" arbeiteten meist als Ungelernte oder angelernte Arbeiter in der Industrie oder im Baugewerbe, also in Bereichen, in denen schwere und „schmutzige" Arbeit verrichtet werden musste oder in Schichten gearbeitet wurde. Die Lebens- und Arbeitsbedingungen der Zuwanderer blieben lange sehr bescheiden. Die meisten kamen mit dem Ziel, einen großen Teil ihres Einkommens nach Hause zu schicken oder zu sparen, um dann in der Heimat eine bessere Existenz aufbauen zu können. Daher akzeptierten sie eher als die Deutschen „schmutzige" und körperlich schwere Arbeiten. Für die Unternehmer waren die „Gastarbeiter" wiederum wesentlich „günstiger" als die deutschen Arbeiter.

Lange Zeit ging man in Deutschland davon aus, dass die „Gastarbeiter" nur vorübergehend in die BRD gekommen waren. Aber bereits 1973 wurde langsam offensichtlich, dass viele dauerhaft in Deutschland bleiben würden. Im Jahre 1973 stieg in Deutschland die Zahl der Arbeitslosen, was eine Beschäftigung von ausländischen Arbeitskräften überflüssig machte. Im gleichen Jahr kam es daher zum Anwerbestopp. Viele der in Deutschland lebenden „Gastarbeiter" standen nun vor der Entscheidung, entweder in die Heimat zurückzukehren, allerdings mit dem Risiko, dann nicht mehr als Arbeitswanderer zugelassen zu werden oder in Deutschland zu bleiben und stattdessen ihre Familien nachzuholen. Die Folge des Anwerbestopps war daher, dass die Zahl der Bleibenden weiter anstieg. Von den 14 Mio. ausländischen Arbeitskräften kehrten schließlich rund 11 Mio. wieder in ihre Heimat zurück.

Neben den Zuwanderern aus den Anwerbestaaten bilden die Aussiedler und Spätaussiedler in Deutschland die größte Gruppe mit Migrationshintergrund. Noch 1950, als die meisten Vertriebenen mit deutscher Staatsangehörigkeit aus den ehemaligen deutschen Gebieten nach Deutschland eingewandert waren, lebten trotzdem noch rund 4 Millionen Menschen deutscher Herkunft im Osten Europas. Darunter befanden sich zum einen diejenigen, die nach 1945 zunächst noch in den ehemaligen deutschen Gebieten blieben. Zum anderen lebten sogenannte „deutsche Volkszugehörige" in Osteuropa. Nach dem Bundesvertriebenengesetz aus dem Jahre 1953 zählten sie als deutsche Minderheit in kommunistischen Ländern zu den Vertriebenen und Verfolgten, die es daher grundsätzlich aufzunehmen gilt, auch wenn im Einzelfall dort keine Diskriminierung oder ein Vertreibungsdruck vorherrschte.

Fortsetzung ...

Die Fünf-Schritt-Lesemethode
Die effektivste Methode, nachhaltig Lesen zu lernen! – Bestell-Nr. 12 570

Übung 2: Klasse 9

... Fortsetzung

Gastarbeiter und Spätaussiedler

Ganz unterschiedliche Entwicklungen hatten in der Geschichte dazu geführt, dass deutsche Siedlungsgebiete in Russland, der früheren Tschechoslowakei, im ehemaligen Jugoslawien, im heutigen Polen sowie in Rumänien und Ungarn entstanden. Deutsche Migranten waren zum Teil bereits im 18. Jahrhundert beispielsweise nach Russland oder Rumänien ausgewandert und lebten dort seit Generationen. Im Grundgesetz wurde festgelegt, dass diese trotz fehlender deutscher Staatsangehörigkeit als Deutsche und nicht als Ausländer zu behandeln sind und daher die deutsche Staatsangehörigkeit beantragen können.

Seit der Einführung des sogenannten Kriegsfolgenbereinigungsgesetzes im Jahre 1993 spricht man bei der Einwanderung deutscher Volkszugehöriger von Spätaussiedlern. Um in die BRD einreisen zu können, reichte es von nun nicht mehr aus, die deutsche Volkszugehörigkeit nachzuweisen. Zusätzlich musste man nun nachweisen, dass man aufgrund seiner deutschen Herkunft im Ausland tatsächlich verfolgt wird, was vor 1993 nicht nötig war. Allerdings haben sich in der Zwischenzeit die politischen Verhältnisse in Polen und Rumänien soweit normalisiert, dass im Prinzip keine Verfolgung mehr zu befürchten war. Daher wurde es schwieriger, als Spätaussiedler in die BRD einreisen zu können, was die Zahl der Einwanderer auch erheblich reduzierte. Bis in die 1990er Jahre hinein verfügten die zugewanderten Aussiedler meist noch über gute deutsche Sprachkenntnisse. Viele der jüngeren Spätaussiedler haben aber nur noch wenig Bindung zur deutschen Sprache und Kultur. Dadurch gestaltet sich die Integration in die deutsche Gesellschaft sehr schwierig, oft werden sie nicht akzeptiert und allgemein als „Russlanddeutsche“ bezeichnet. Daher müssen deutsche Volkszugehörige seit 1996 ihre deutschen Sprachkenntnisse durch eine Prüfung nachweisen. Diese Sprachkenntnisse dürfen allerdings nicht in einem Kurs erworben werden. Angehörige, die ebenfalls einreiseberechtigt sind, müssen erst seit dem Zuwanderungsgesetz im Jahre 2005 einen Sprachtest ablegen.

entnommen aus: „Lernwerkstatt Zu- & Abwanderung. Warum Menschen ihre Heimat verlassen“, (Best.-Nr. 11 568) erschienen im Kohl-Verlag

Übung 3: Klasse 9

Aufgabe 1: *Lies den nachfolgenden Text nach der Lesemethode.*

Chromosomen

Chromosomen sind Bestandteile von Zellen, auf denen die Erbinformationen gespeichert sind. Man kann sie nur sehen, wenn sich die Zelle teilt. Die Form der Chromosomen ist komplett unterschiedlich und veränderbar. Wenn die Zelle sich nicht teilt, so liegt die Erbinformation in Chromatinfäden vor, die ineinander verschlungen sind. Dieses „Knäuel" nennt man Chromatingerüst. Die Chromatinfäden sind die Arbeitsform der Erbinformationen. Bei der Teilung der Zelle löst sich die Kernmembran auf und die Chromatinfäden ziehen sich regelrecht zusammen. Wenn sie sich dann zusammengezogen haben und eine kompakte Gestalt annehmen, sind sie im Zellplasma in ihrer typischen Gestalt und Größe sichtbar. Jedoch nehmen sie so die Transportform an und die Erbinformationen kann so nicht abgelesen werden. Sie sind aber für die kontrollierte Aufteilung der Chromosomen während der Zellteilung zuständig.

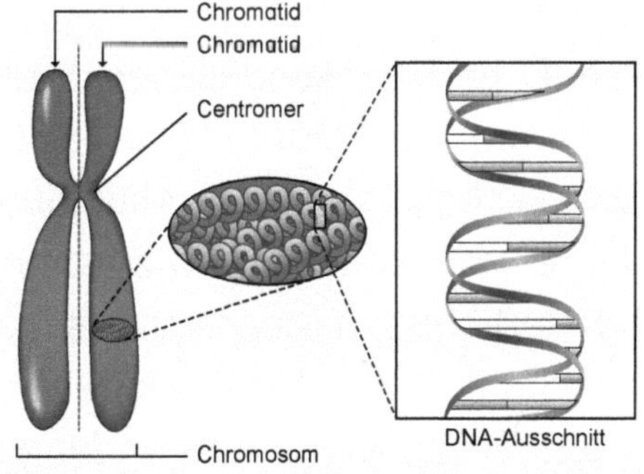

Chromosomen sind gleich aufgebaut; sie bestehen aus zwei Längshälften, die man **Chromatiden** nennt. Sie sind durch das **Centromer** verbunden und hängen somit zusammen. Beide Chromatiden sind erbgleich, das bedeutet, dass sie die Erbinformationen bereits verdoppelt haben. Die Arme des Chromosoms haben – je nach Lage – unterschiedliche Längen. Die Bestandteile der Chromosomen sind Proteine und Nukleinsäuren. Diese bilden Nukleinsäureketten, die dann um Proteine gewickelt sind. Dadurch bilden sie einen Chromatinfaden. Dieser Faden ist ineinander verknäuelt.

Chromosomen sind die typischen Transportformen in tierischen, menschlichen und pflanzlichen Zellen. Das einzige, was sich unterscheidet, ist ihre Größe, die Anzahl und ihre Gestalt. Alle Gene eines Lebewesens sind in ihnen enthalten. Als Gen bezeichnet man einen bestimmten Abschnitt eines Chromatinfadens. Die Gene, also die Abschnitte, enthalten verschiedene Merkmale.

Die Körperzellen besitzen bei den meisten Organismen einen **doppelten Chromosomensatz**, den man **diploid** nennt. Die Keimzellen hingegen enthalten nur einen einfachen Chromosomensatz, den man als **haploid** bezeichnet.

Und hier unterscheidet man nochmals: Die Geschlechtschromosomen bezeichnet man als **Gonosomen** und die Körperchromosomen nennt man **Autosomen**. Da sie immer paarweise auftreten, nennt man sie **homologe Chromosomen**. Die Autosomen haben den gleichen Bestand an Genen. In allen homologen Chromosomen ist jedes Gen vierfach vorhanden.

entnommen aus: „Stationenlernen Biologie 9/10", (Best.-Nr. 12 347) erschienen im Kohl-Verlag

KOHL VERLAG Die Fünf-Schritt-Lesemethode
Die effektivste Methode, nachhaltig Lesen zu lernen! – Bestell-Nr. 12 570

Übung 1: Klasse 10

Aufgabe 1: *Lies den nachfolgenden Text nach der Lesemethode.*

Zwei Wirtschaftstheorien

Die Wirtschaft in der Bundesrepublik Deutschland funktioniert anders als in der Volksrepublik China. In Peru herrschen andere wirtschaftliche Rahmenbedingungen als in Großbritannien und das globale Zusammenspiel im 16. Jahrhundert war komplett verschieden im Vergleich zu heute. Um unser Wirtschaftssystem zu verstehen, muss man es im geschichtlichen Zusammenhang betrachten und mit alternativen Wirtschaftsmodellen vergleichen. Über Jahrhunderte wurden Waren und Dienstleistungen getauscht oder kriegerisch übernommen. Adlige und Klerus herrschten über das einfache Volk, boten ihm militärischen Schutz, verlangten dafür aber hohe Abgaben und Militärdienste im Kriegsfall. Die Kindersterblichkeit war hoch, Armut, Hunger und Gewalt an der Tagesordnung. Die Lebenserwartung war dementsprechend niedrig. Dem Bürger blieb ein sozialer Aufstieg bzw. Ausstieg aus diesem ständischen Denken nahezu verwehrt.

In Großbritannien kam es dann Mitte des 18. Jahrhunderts und in Deutschland Anfang des 19. Jahrhunderts im Zuge der Industrialisierung zu einem großen gesellschaftlichen und wirtschaftlichen Wandel, welcher die bisherigen Rahmenbedingungen sprengte. Karl Marx (1818-1883) und Friedrich Engels (1820-1895) fassten die wirtschaftliche Situation in Mitteleuropa in ihrem „Kommunistischen Manifest" aus dem Jahre 1848 anschaulich zusammen: „Die Bourgeoisie (Bürgertum) hat in ihrer kaum hundertjährigen Klassenherrschaft massenhaftere und kolossalere Produktionskräfte geschaffen als alle vergangenen Generationen zusammen. Unterjochung der Naturkräfte, Maschinerie, Anwendung der Chemie auf Industrie und Ackerbau, Dampfschifffahrt, Eisenbahnen, elektrische Telegraphen, Urbarmachung ganzer Weltteile, Schiffbarmachung der Flüsse, ganze aus dem Boden hervorgestampfte Bevölkerungen – welches frühere Jahrhundert ahnte, dass solche Produktionskräfte im Schoß der gesellschaftlichen Arbeit schlummerten."

Diese neue Wirtschaftssituation zwang die Menschen zum Umdenken und es musste eine neue Wirtschaftsordnung geschaffen werden. Dabei etablierten sich zwei ideologisch entgegengesetzte Modelle. Der augenscheinlichste Unterschied dabei war die Rolle des Staates in der Wirtschaft. Zum einen gab es Anhänger der Theorie, dass sich der Staat gänzlich aus der Wirtschaft heraushalten sollte und keinerlei Einfluss auf die Märkte ausüben dürfe. Dieses Modell, das als Freie Marktwirtschaft bezeichnet wird, wurde vor allem von dem schottischen Ökonomen Adam Smith (1723-1790) propagiert und war im England des frühen 19. Jahrhunderts die vorherrschende Wirtschaftsordnung. Auf der anderen Seite, wohl auch im Hinblick auf die soziale Ungerechtigkeit in den Industriestädten in England, formulierten die beiden Deutschen Karl Marx und Friedrich Engels ihre Idee der neuen Wirtschaftsordnung. Der Fabrikantensohn Friedrich Engels aus Wuppertal kam 1842 nach Manchester und blieb dort für fast zwei Jahre, um vom englischen Wirtschaftsmodell zu lernen.

Fortsetzung ...

Übung 1: Klasse 10

... Fortsetzung

Chromosomen

Aufgrund der dort vorherrschenden sozialen Ungerechtigkeit wurde seine Weltanschauung in den Grundfesten erschüttert: „Weiber, zum Gebären unfähig gemacht, Kinder verkrüppelt, Männer geschwächt, Glieder zerquetscht, ganze Generationen verdorben, mit Schwäche und Siechtum infiziert, bloß um der Bourgeoisie den Beutel zu füllen", fasst er seine Gedanken zusammen.

Mit dieser Erfahrung reist er zurück nach Deutschland und trifft dort auf den Trierer Karl Marx, ebenfalls ein Sohn aus gutem Haus. Gemeinsam formulieren sie ihre Weltanschauung in dem berühmten Werk „Das Kommunistische Manifest" und fordern einen Staat, der sämtliche Belange der Wirtschaft steuert. Diese Zentralverwaltungswirtschaft geht davon aus, dass der Staat genau vorgibt, wann und ob bestimmte Waren gebraucht werden, wer sie herstellen darf und wem sie geliefert werden dürfen. Die Preise werden ebenso festgelegt wie die Löhne der Arbeiter. Die Regierung verwaltet das wirtschaftliche und soziale Leben von einer zentralen Stelle aus. Die ehemalige DDR, das zaristische Russland im 20. Jahrhundert, die Volksrepublik China oder Nordkorea, sowie vereinzelte Staaten in Südamerika haben die Zentralwirtschaft individuell umgesetzt.

entnommen aus: „Wirtschafts- & Sozialpolitik. Soziale Marktwirtschaft", (Best.-Nr. 11 552) erschienen im Kohl-Verlag

Übung 2: Klasse 10

Aufgabe 1: *Lies den nachfolgenden Text nach der Lesemethode.*

Die Meiose

In den Keimzellen liegt ein diploider Chromosomensatz vor. Diese Keimzellen entstehen durch Teilung. Wenn bei der Befruchtung zwei diploide Zellen verschmelzen würden, so würde sich demnach der Chromosomensatz verdoppeln. Jedoch enthalten alle menschlichen Zellen nur 46 Chromosomen und somit müssen Keimzellen einen haploiden Chromosomensatz mit 23 Chromosomen besitzen. Aus diesem Grund wird bei der Bildung von Keimzellen der doppelte Chromosomensatz auf den einfachen Chromosomensatz reduziert. Diese besondere Zellteilung nennt man Meiose.

Die Zellteilung verläuft in zwei Phasen, also zwei Teilungen nacheinander. Die homologen Chromosomen ordnen sich paarweise genau nebeneinander in der Äquatorialebene an. Anschließend werden die homologen Chromosomen getrennt und auf die beiden Tochterzellen verteilt. So entstehen aus einer diploiden Keimzelle mit 46 Chromosomen zwei haploide Zellen mit je 23 Chromosomen. Da hier die Anzahl der Chromosomen vermindert wird, spricht man von der Reduktionsteilung.

In diesen neu gebildeten haploiden Zellen besteht nun jedes Chromosom aus zwei Chromatiden. Diese Reifeteilung ähnelt der Mitose, da hier die Chromatiden getrennt werden. Der Unterschied zur Mitose ist jedoch, dass jedes Chromosom nur einmal vorhanden ist. Ist die zweite Reifeteilung abgeschlossen, so sind vier reife, haploide Keimzellen entstanden.

Nun werden die Erbinformationen durchmischt. Nochmals zur Erinnerung: Jede Körperzelle des Menschen besitzt 46 Chromosomen; die 22 homologen Paare und ein Paar aus Geschlechtschromosomen. Hier wurde jeweils zur Hälfte etwas von der Mutter und zur anderen Hälfte vom Vater vererbt. Somit enthält jede Zelle 23 väterliche und 23 mütterliche Chromosomen. Wenn sich die homologen Chromosomenpaare an der Äquatorialebene, während der ersten Reifeteilung, anordnen, so geschieht dies rein zufällig. Somit ist es auch absoluter Zufall, welche väterlichen und welche mütterlichen Chromosomen bei der nachfolgenden Trennung in die Keimzelle gelangen; die Erbinformation wird neu kombiniert. Daraus ergibt sich, dass die reifen Keimzellen erblich ungleich sind. Halten wir fest, dass bei der Kombination von Eizellen und Samenzellen immer eine neue Kombination der Erbinformationen entsteht. Daher sind die Nachkommen von zwei Menschen nie vollkommen gleich.

Aus einer diploiden Spermienzelle entstehen im Hoden vier haploide, reife Spermienzellen. Diese Spermienzellen sind arm an Plasma. Bei der Reifung einer Eizelle hingegen ist die Aufteilung des Plasmas unregelmäßig. Aus einer Eizelle bildet sich im Eierstock eine große, reife Eizelle. Diese eine Eizelle ist reich an Plasma, hingegen die drei kleinen Zellen, die man als Polkörperchen bezeichnet, nicht.

Fortsetzung ...

Übung 2: Klasse 10

... Fortsetzung

Die Meiose

Die Polkörperchen sind nicht fähig befruchtet zu werden und sterben ab. Die Eizelle, die befruchtet werden kann, ist so reich an Plasma, da im Falle einer Befruchtung und Einnistung in die Gebärmutter der Embryo ernährt werden kann. Das Zellplasma in allen Zellen der Nachkommen stammt somit immer von der mütterlichen Seite.

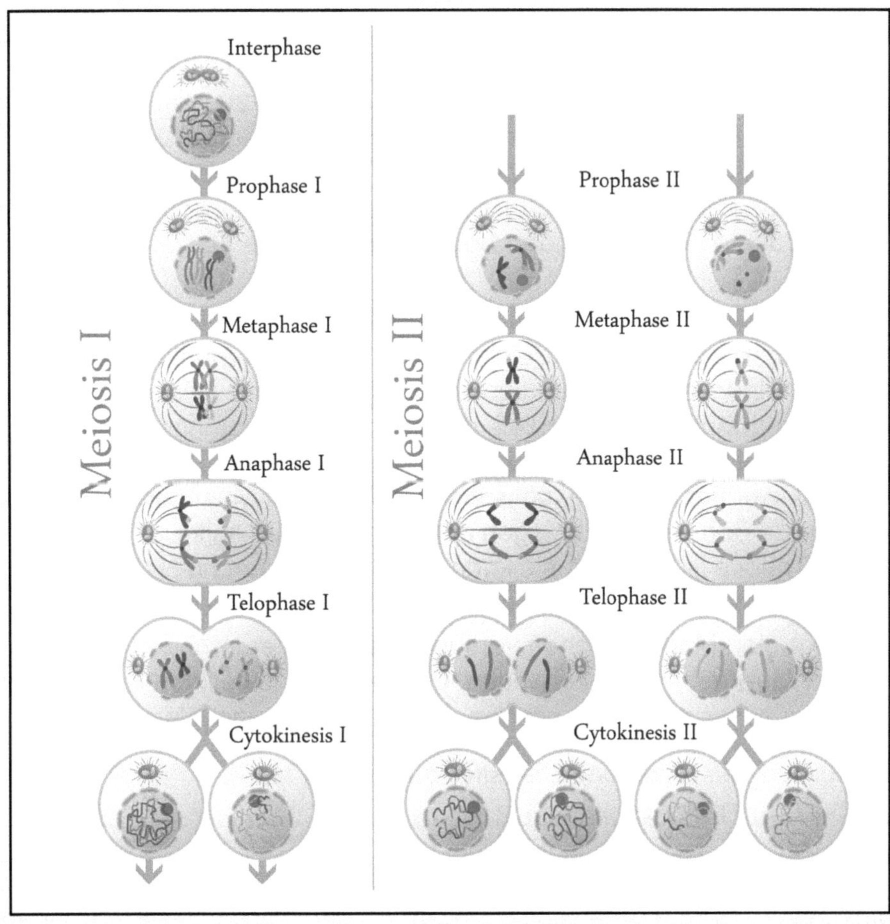

entnommen aus: „Stationenlernen Biologie 9/10“, (Best.-Nr. 12 347) erschienen im Kohl-Verlag

Übung 3: Klasse 10

Aufgabe 1: *Lies den nachfolgenden Text nach der Lesemethode.*

Die soziale Marktwirtschaft

Die Bezeichnung „Soziale Marktwirtschaft" führte der Staatssekretär im Bundeswirtschaftsministerium Prof. Dr. Alfred Müller-Armack (1901-1979) zum ersten Mal in seinem Werk „Wirtschaftslenkung und Marktwirtschaft" (erschienen 1947) ein. Der Begriff wurde erstmals im Wahlkampf von 1949 im CDU-Programm für die Bundestagswahl einer großen Öffentlichkeit bekannt. Heute wird der Begriff maßgeblich mit dem CDU-Politiker Ludwig Erhard (1897-1977) und dem Wirtschaftswunder der 50er Jahre des 20. Jahrhunderts verbunden. Ludwig Erhard war in der Zeit von 1949 bis 1963 Bundesminister für Wirtschaft und von 1963 bis 1966 auch Bundeskanzler. Nach anfänglichen Diskussionen über die Namensgebung des Programms wurde der Begriff der Sozialen Marktwirtschaft letztlich in den 1990er Jahren endgültig zum parteienübergreifenden Begriff und über alle politischen Grenzen hinweg verbreitet.

Diese breite, gesellschaftliche Akzeptanz des Begriffes „Soziale Marktwirtschaft" bedeutet aber keineswegs, dass sich alle darin einig wären, was man inhaltlich darunter versteht. Hierbei gehen die Meinungen teils stark auseinander. Selbst der geistige Vater der Sozialen Marktwirtschaft, Alfred Müller-Armack, ließ die genaue Ausgestaltung seines Modells bewusst offen, damit der Wirtschaft auch in Zukunft keine zu engen Grenzen aufgedrückt werden. Müller-Armack war der Meinung, dass sich eine soziale Wirtschaftsordnung flexibel an sich ständig ändernde Rahmenbedingungen anpassen können sollte. Hierzu äußerte er sich wie folgt: „Unsere Theorie ist abstrakt, sie kann öffentlich nur durchgesetzt werden, wenn sie konkreten Sinn bekommt und dem Mann auf der Straße zeigt, dass sie gut für ihn ist."

Das Modell der Sozialen Marktwirtschaft versucht die Vorteile der freien Marktwirtschaft mit den Vorteilen der Planwirtschaft zu verbinden, um somit die jeweiligen Nachteile der beiden Modelle gegenseitig ausschließen zu können. Zu den Gestaltungselementen zählen

- freie Preisbildung für Güter und Dienstleistungen am Markt
- Privateigentum an Produktionsmitteln
- Gewinnstreben als Leistungsanreiz.

Um diese wirtschaftlichen Ziele verwirklichen zu können, muss der Staat einen entsprechenden rechtlichen Rahmen schaffen. Dadurch sollen zum einen die persönlichen Freiheitsrechte (Gewerbe-, Konsum-, Vertrags-, Berufs- und Koalitionsfreiheit) gesichert werden. Zugleich soll eine staatliche Wettbewerbspolitik den Wettbewerb sichern und die zentrale Marktmacht einzelner Wettbewerber (Monopole, Kartelle) nach Möglichkeit verhindern. Der Staat soll also durch aktive Eingriffe in das Marktgeschehen die Wirtschaft ergänzen und somit eine Monopolisierung verhindern, um den Wettbewerb ständig in Gang zu halten. Gegebenenfalls kann der Staat korrigierend in das Marktgeschehen eingreifen, in dem er beispielsweise sozialpolitische, konjunkturpolitische oder arbeitsmarktpolitische Maßnahmen ergreift, die im Interesse des Gemeinwohls liegen. Auch die Vergabe von staatlichen Aufträgen an private Unternehmen stellt eine Möglichkeit der staatlichen Steuerung dar. Dabei soll der Staat aber nur so weit in die Wirtschaft eingreifen, als dass die Wettbewerbsfähigkeit nicht beeinträchtigt wird und die Eigeninitiative der Bürger nicht zum Erliegen kommt. Eine genaue Grenzziehung wurde aber nirgendwo vereinbart und lässt sich wohl auch nicht an einzelnen Parametern festmachen. Einer der wichtigsten Pfeiler der sozialen Marktwirtschaft für die normale Bevölkerung liegt in der staatlichen Altersversorgung.

entnommen aus: „Wirtschafts- & Sozialpolitik. Soziale Marktwirtschaft", (Best.-Nr. 11 552) erschienen im Kohl-Verlag

Anleitung „SQ3R-Methode“ (Sek. II)

Schritt 1

Survey (Übersicht)

- Vor dem genauen Lesen überfliegen Sie die entscheidenden Textstellen.
- Orientieren Sie sich am Titel und an den Zusammenfassungen sowie den Überschriften und Einleitungen.
- Hilfreich können auch Grafiken und andere Schaubilder sein.
- Differenzieren Sie Wesentliches von Unwesentlichem.

Schritt 2

Questions (Fragen aufwerfen)

- Stellen Sie ausgehend von Ihrem Vorwissen Fragen an den Text.
- Was wollen Sie wissen? Welche Inhaltspassagen sind wesentlich, um für Ihre Arbeit brauchbar zu sein?
- Formulieren Sie diese Fragen vorher, um sich aktiv mit dem Text zu beschäftigen.
- Auch helfen Ihnen diese Fragen beim selektiven Lesen, um das aufzunehmen, was für Sie von Interesse ist.

Schritt 3

Read (gründlich lesen)

- Lesen Sie den Text in Absätzen un markieren Sie das Wichtigste.
- Hierbei müssen Sie deutlich differenzieren, denn markieren und lesen Sie nur die Stellen gründlich, die sich auf Ihre zuvor aufgeworfenen Fragen beziehen.
- Beachten Sie ggf. die Aufgabenstellung deutlich, denn diese gibt oftmals schon an, welche Oberthemen zu überprüfen sind.

Schritt 4

Recite (wiedergeben)

- Gehen Sie nun nochmals abschnittsweise durch den Text und schreiben Sie die wichtigsten Informationen nochmals mit eigenen Worten auf.
- Schreiben Sie nur Sätze ab, die Sie nachher als Zitate in Ihrer Ausarbeitung verwenden möchten und kennzeichnen Sie diese deutlich als Zitate, damit sie im Nachhinein noch wissen, was Ihre eigenen Notizen sind und was nun direkte Zitate sind.
- Bei Zitaten Seitenzahl und Zeilenangabe nicht vergessen.

Schritt 5

Review (Rückblick)

- Halten Sie den Inhalt des gesamten gelesenen Textes nochmals in wenigen Sätzen fest.
- Verwenden Sie die aufgeworfenen Fragen aus Schritt 2 als Handlungsorientierung.

Übung 1: Klasse 11-13

Aufgabe 1: *Lesen Sie den Text mit Hilfe der SQ3R-Methode.*

Markt- und Preisbildung

Ein Markt bildet sich immer dort, wo Angebot und Nachfrage nach einem Gut zusammentreffen. Dies kann auf dem klassischen Marktplatz sein, aber auch im Supermarkt, am Telefon, im Internet oder bei einer Versteigerung. Dabei treten die Anbieter und die Nachfrager generell mit entgegengesetzten Interessen auf. Während der Anbieter seine Ware möglichst zu einem hohen Preis und in hoher Anzahl verkaufen möchte, streben die Nachfrager genau das Gegenteil dazu an. Der Anbieter will seinen Gewinn maximieren, der Nachfrager möchte seine Ausgaben minimieren. Durch dieses Zusammenspiel ergibt sich schließlich ein Gleichgewicht, das für beide Parteien als Kompromiss akzeptabel ist. Dieses Gleichgewicht wird als Marktpreis bezeichnet. Der Preis hat also regulierende Funktion. Wer zu teuer anbietet oder durch minderwertige Ware sparen möchte, der wird seine Ware nicht verkaufen können, solange Wettbewerber am Markt sind, die eine vergleichbare Ware herstellen. Dieses Zusammenspiel funktioniert nur so lange, wie es genügend Anbieter und Nachfrager gibt.

Die wirtschaftliche Lage eines Landes verändert sich laufend. Dabei wechseln sich Zeiten, in denen Produktion, Nachfrage und Beschäftigung ansteigen, mit Zeiten ab, in denen sie rückläufig sind. Diese sich ständig ändernde Wirtschaftslage wird als Konjunktur bezeichnet. Es gibt bereits unzählige Untersuchungen zu diesem Phänomen und dabei hat sich gezeigt, dass sich der Konjunkturverlauf in vier typische Phasen unterteilt. Der wellenförmige Konjunkturverlauf wiederholt sich in der Regel alle vier bis elf Jahre und wird im folgenden Schaubild grafisch vereinfacht dargestellt:

I. Tiefstand (Depression): Aufgrund mangelnder Nachfrage haben die Unternehmen große Absatzschwierigkeiten. Die Produktion erreicht den Tiefstand, was zur Folge hat, dass die Investitionsbereitschaft gering ist. Preise und Aktienkurse sinken, die Unternehmen fahren Verluste ein. Die Zahl der Entlassungen und die Arbeitslosigkeit erreichen ihren Höchststand. Einkommen und Löhne gehen zurück.

II. Aufschwung (Expansion): Die steigende Nachfrage erhöht die Produktion. Es werden neue Arbeitskräfte gebraucht, sodass die Arbeitslosenzahlen rückläufig sind. Einkommen und Löhne steigen an. Höhere Löhne bedeuten eine weitere Zunahme der Nachfrage, was zu einem Preisanstieg führt. Die Unternehmen fahren Gewinne ein und beginnen neu zu investieren. Die Aktienkurse steigen.

Fortsetzung ...

Die Fünf-Schritt-Lesemethode
KOHL VERLAG

Übung 1: Klasse 11-13

... Fortsetzung

Markt- und Preisbildung

III. Hochkonjunktur (Boom): Die Entwicklungen der Aufschwungphase setzen sich fort. Lohnsteigerungen und Nachfrage erreichen einen Höchststand. Die Kapazitäten der Unternehmen sind voll ausgelastet. Die Aktienbörsen verzeichnen Höchststände. Die Arbeitslosigkeit ist auf dem niedrigsten Stand, die Zahl der Entlassungen gering. Um Kosten zu sparen, rationalisieren viele Betriebe, was über Kredite finanziert wird. Diese Investitionen lassen die Zinsen steigen, was dazu führt, dass die gestiegenen Kosten auf die Warenpreise abgewälzt werden.

IV. Abschwung (Rezession): Die rückläufige Nachfrage lässt Unternehmen zurückhaltender werden. Sie schrecken vor allzu hohen Investitionen zurück. Die Unternehmen müssen von ihren Rücklagen zehren, was bei manchen Unternehmen dazu führt, dass die ihre Tätigkeit einstellen müssen. Die Zahl der Entlassungen steigt an, was zu einem weiteren Rückgang der Nachfrage führt. Die Produktion wird verringert, Betriebsschließungen nehmen zu, Arbeitslosigkeit und Armut steigern sich bis in einen neuen Tiefstand. Nun kann der Konjunkturzyklus von neuem beginnen.

In der Sozialen Marktwirtschaft hat der Staat eine kontrollierende Funktion und ihm stehen Maßnahmen zur Verfügung, wie er in den Konjunkturverlauf eingreifen kann. So kann der Staat bei einer beginnenden Rezession konjunkturbelebende Maßnahmen ergreifen, um ein Abgleiten in eine Depression zu verhindern oder wenigstens abzudämpfen. Solche Maßnahmen können Steuersenkungen oder staatliche Aufträge sein. Während der Hochkonjunktur hingegen wird der Staat versuchen, durch gezielte Eingriffe die Konjunktur zu dämpfen. Dies wird er meist in Form von Steuererhöhungen durchsetzen, was dazu führt, dass Kaufkraft abgeschöpft wird. Somit wirkt die Konjunkturpolitik des Staates entgegengesetzt zum Konjunkturzyklus, man spricht in diesem Zusammenhang von einem antizyklischen Verhalten. Im Einzelnen betrifft dies die Steuerpolitik, die Geldpolitik und die Sozialpolitik und ist im Stabilitätsgesetz verankert.

entnommen aus: „Wirtschafts- & Sozialpolitik. Soziale Marktwirtschaft“, (Best.-Nr. 11 552) erschienen im Kohl-Verlag

Übung 2: Klasse 11-13

Aufgabe 1: *Lesen Sie den Text mit Hilfe der SQ3R-Methode.*

Der Einfluss durch die EZB

Seit dem 1. Januar 1999 wird die Geldpolitik nicht mehr von der Deutschen Bundesbank wahrgenommen, sondern von der Europäischen Zentralbank (EZB). Die Ziele der EZB sind nicht mit den staatlichen Konjunkturprogrammen vergleichbar und bedürfen einer genaueren Beleuchtung. Das vorrangige Ziel der EZB ist es, die Preisstabilität zu erhalten. Dies gelingt ihr, indem sie die Geldmenge im Euroraum steuert. Als Instrumente dienen der EZB die Refinanzierungsgeschäfte (Offenmarktgeschäfte) und die Festlegung der Mindestreserven. Durch Refinanzierungsgeschäfte versorgt die EZB die europäischen Privatbanken mit zusätzlichem Geld. Gegen die Verpfändung von Sicherheiten können sich die Banken bei der EZB Geld besorgen, um es an ihre Kunden weiterzugeben.

Die EZB kann nun mit Hilfe des Zinssatzes steuern, wieviel Geld in Umlauf kommt. Wenn sie den Leitzins erhöht, wird es für Banken uninteressant und teuer, Geld zu leihen. Somit wird die Privatbank auch weniger Geld an seine Privatkunden weitergeben. Zusätzlich wird der Zinssatz für den Kunden ebenfalls hoch ausfallen, um die Kosten der Bank zu tragen. Das Sparverhalten und die Neigung zur Kreditaufnahme beim Kunden kann somit über höhere oder niedrigere Zinsen indirekt durch die EZB gesteuert werden.

Ein weiteres Instrument zur Geldmengensteuerung durch die EZB stellen die Mindestreserven dar. Die EZB schreibt den Privatbanken vor, wieviel Prozent der Kundeneinlagen sie als verzinste Mindestreserve bei den nationalen Zentralbanken (in Deutschland bei der Deutschen Bundesbank) hinterlegen müssen. Erhöht die EZB diesen Prozentsatz, dann können die Privatbanken weniger Kredite vergeben, die Geldversorgung wird eingeschränkt und Kredite verteuert. Letztlich wird somit die Wirtschaft gedämpft. Das Umgekehrte passiert bei einer Verminderung des Mindestreservesatzes.

entnommen aus: „Wirtschafts- & Sozialpolitik. Soziale Marktwirtschaft", (Best.-Nr. 11 552) erschienen im Kohl-Verlag

Übung 3: Klasse 11-13

Aufgabe 1: *Lesen Sie den Text mit Hilfe der SQ3R-Methode.*

Multitasking-fähig: Die Proteine

Proteine bestehen aus einzelnen Aminosäuren. Sie sind aus kettenförmigen Molekülen aufgebaut. Verknüpft werden diese über 20 Aminosäuren durch chemische Bindungen. Da Kräfte zwischen den Aminosäuren entstehen, ordnen sich die großen Moleküle im Raum an uns sind dadurch sehr präsent und sehen wie eine Art Schraube aus. Diese Aminosäureketten werden oft kombiniert. Die Funktion, welche das jeweilige Protein nun erfüllen soll, hängt ganz von der Anzahl und Abfolge (Aminosäuresequenz), dem räumlichen Bau und dem Aufbau der Kette ab. Da sich eine unzählbare Möglichkeit von Kombinationen ergibt, können immer unterschiedliche Proteine gebildet werden.

Als Konstruktionsstoffe sorgen Proteine dafür, dass der Körper seine feste, aber auch dehnbar elastische Gestalt erhält. Proteine bestimmen die Form der Zellen, der Gewebe und der Organe. Ein großer Anteil, ungefähr 1/3, der Proteine im Körper sind am Aufbau der Haut, der Knochen und der Sehnen beteiligt. Diese Proteine nennt man Kollagene. Wiederum andere Proteine sorgen für den Aufbau der Fingernägel und der Haare. Wiederum andere Proteine stellen den Muskelaufbau. Diese Proteine sind in der Lage, ihre Form zu verändern und dadurch Bewegungen zu ermöglichen.

Als Enzyme steuern die Proteine sämtliche chemischen Reaktionen innerhalb des Körpers. Sie sind so zentral wichtig, dass sie beispielsweise dafür verantwortlich sind, welche genetischen Informationen wann und in welchen Umfang abgelesen werden. Dadurch sind sie ganz entscheidend an der Bildung von Merkmalen beteiligt.

Die Enzyme arbeiten meist so, dass der Ausgangsstoff in eine Wechselwirkung mit dem Aktivitätszentrum des Enzyms tritt. Dies funktioniert nur, wenn sie von der Form genau ineinander passen, also wie der richtige Schlüssel in das richtige Schloss. Daher spricht man hier von dem Schlüssel-Schloss-Prinzip.

Nicht nur die Nervenbahnen sind innerhalb des Körpers für die Weiterleitung von Informationen verantwortlich, sondern auch Hormone. Diese Hormone, die als Transport- oder Botenstoffe bezeichnet werden, bestehen aus Proteinen. Sie werden über das Blut verteilt und in speziellen Drüsen des Körpers gebildet. Sind die Hormone an ihrer Zielzelle angekommen, so docken sie dort nach dem Schlüssel-Schloss-Prinzip an. Sobald sie dort angedockt haben, aktivieren sie ihre Wirkung.

entnommen aus: „Stationenlernen Biologie 9/10", (Best.-Nr. 12 347) erschienen im Kohl-Verlag

Lösung

Seite 6: Streit um die Kanzlerkandidatur

Streit um die Kanzlerkandidatur

Es entfacht momentan ein eklatanter Streit zwischen den Bewerbern um das Amt des Bundeskanzlers. Herr Tilo Meier möchte gerne das Amt bekleiden, da er sich als politisch besten Kandidaten sieht, da er unter anderem die Sommerferien auf zwei ganz Monate verlängern will. Robert Gener hingegen ist der andere Kandidat um das Bundeskanzleramt und er setzt auf mehr sportliche Aktivitäten innerhalb der Schulzeit. Er möchte, dass das Unterrichtsfach „Sport“ zum Hauptfach erklärt wird und somit vier Stunden in der Woche unterrichtet wird. Noch ist fraglich, ob das die wirklich wichtigen bildungspolitischen Ziele sein können.

Die 5-Schritt-Lesemethode

1. Schritt
Überfliege den Text

- Lies die Überschrift. Worum könnte es gehen?
- Lies den Text durch und schaue, ob Wörter fett oder schräg gedruckt sind.
- Was kennst du schon, oder was ist dir unbekannt?
- Überlege, worum es im Großen und Ganzen gehen könnte.

2. Schritt
Fragen stellen

- Nun sollst du Fragen an den Text stellen. Es eignen sich die W-Fragen.
  Wer? Was? Wann? Wo? Warum?
- Jetzt weißt du, worum es geht.
- Wenn es eine Aufgabenstellung gibt, lies diese genau.

3. Schritt
Gründlich lesen

- Lies nun den Text nochmals und ganz gründlich.
- Markiere wichtige Stellen. Du kannst hierzu verschiedene Farben verwenden oder einen Textmarker.
- Schreibe Schlüsselwörter auf einem Notizblatt auf.
- Wenn ein Abschnitt schwierig ist, so bearbeite ihn nochmals.

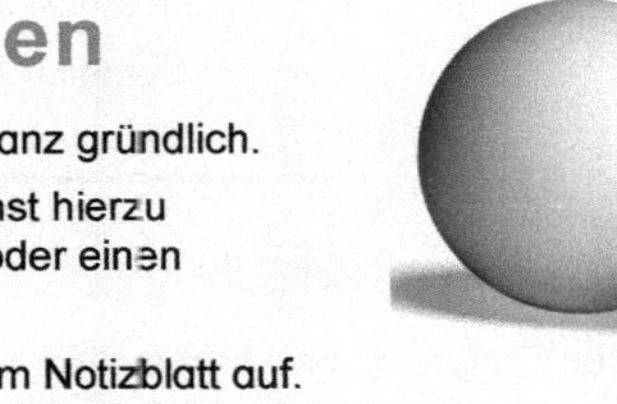

4. Schritt
Zusammenfassen

- Setze dir Abschnitte und fasse den Inhalt kurz auf einem Notizblatt zusammen.
- Benutze für deine Zusammenfassung eigene Wörter. Schreibe nichts aus dem Text ab.
- Fällt dir die Zusammenfassung schwer, gehe nochmals einen oder zwei Leseschritte zurück.

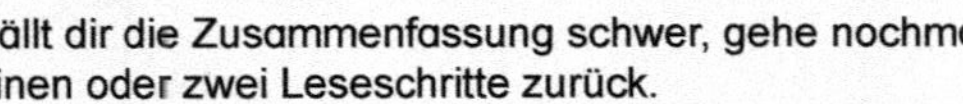

5. Schritt
Wiederholen

- Nun fasse den gesamten Text kurz mit eigenen Worten zusammen und wiederhole so die einzelnen Textabschnitte.
- Wenn du magst, kannst du auch ein Schaubild erstellen.

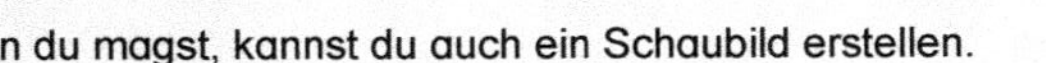

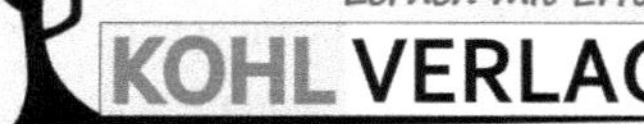

Die 5-Schritt-Lesemethode
Die effektivste Methode, nachhaltig Lesen zu lernen! – Bestell-Nr. 12 570

Die 6-Schritt-Lesemethode

1. Schritt

Überfliege den Text

- Lies die Überschrift. Worum könnte es gehen?
- Lies den Text durch und schaue, ob Wörter fett oder schräg gedruckt sind.
- Was kennst du schon, oder was ist dir unbekannt?
- Überlege, worum es im Großen und Ganzen gehen könnte.

2. Schritt

Schwierige Wörter klären

- Unterstreiche Wörter, die du nicht verstehst.
- Schaue im Wörterbuch nach, was die einzelnen Wörter bedeuten.
- Du kannst auch im Internet nachschauen.

3. Schritt

Fragen stellen

- Nun sollst du Fragen an den Text stellen. Es eignen sich die W-Fragen.

  Wer? Was? Wann? Wo? Warum?
- Jetzt weißt du, worum es geht.
- Wenn es eine Aufgabenstellung gibt, lies diese genau.

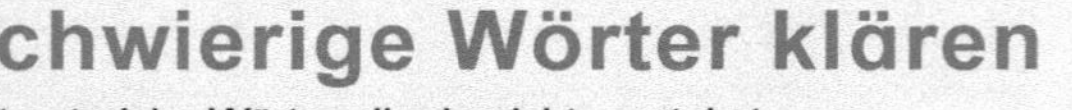

4. Schritt

Gründlich lesen

- Lies nun den Text nochmals und ganz gründlich.
- Markiere wichtige Stellen. Du kannst hierzu verschiedene Farben verwenden oder einen Textmarker.
- Schreibe Schlüsselwörter auf einem Notizblatt auf.
- Wenn ein Abschnitt schwierig ist, so bearbeite ihn nochmals.

5. Schritt

Zusammenfassen

- Setze dir Abschnitte und fasse den Inhalt kurz auf einem Notizblatt zusammen.
- Benutze für deine Zusammenfassung eigene Wörter. Schreibe nichts aus dem Text ab.
- Fällt dir die Zusammenfassung schwer, gehe nochmals einen oder zwei Leseschritte zurück.

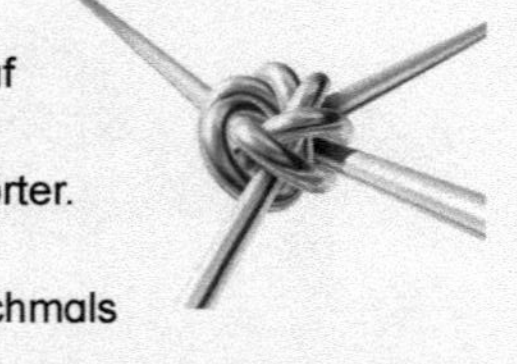

6. Schritt

Wiederholen

- Nun fasse den gesamten Text kurz mit eigenen Worten zusammen und wiederhole so die einzelnen Textabschnitte.
- Wenn du magst, kannst du auch ein Schaubild erstellen.

Die 5-Schritt-Lesemethode
Die effektivste Methode, nachhaltig Lesen zu lernen! – Bestell-Nr. 12 570

Lernen mit Erfolg
KOHL VERLAG